Woelki/Hillgruber/Maio/von Ritter/Spieker

Wie wollen wir sterben?

Veröffentlichungen der Joseph-Höffner-Gesellschaft

Herausgegeben von
Lothar Roos, Manfred Spieker, Werner Münch

Band 5

Rainer Maria Kardinal Woelki /
Christian Hillgruber / Giovanni Maio /
Christoph von Ritter / Manfred Spieker

WIE WOLLEN WIR STERBEN?

Beiträge zur Debatte um Sterbehilfe und Sterbebegleitung

2016

Ferdinand Schöningh

Bibliografische Information der Deutschen Nationalbibliothek

Die Deutsche Nationalbibliothek verzeichnet diese Publikation in der Deutschen Nationalbibliografie; detaillierte bibliografische Daten sind im Internet über http://dnb.d-nb.de abrufbar.

Alle Rechte vorbehalten. Dieses Werk sowie einzelne Teile desselben sind urheberrechtlich geschützt. Jede Verwertung in anderen als den gesetzlich zugelassenen Fällen ist ohne vorherige schriftliche Zustimmung des Verlags nicht zulässig.

© 2016 Ferdinand Schöningh, Paderborn
(Verlag Ferdinand Schöningh GmbH & Co. KG, Jühenplatz 1,
D-33098 Paderborn)

Internet: www.schoeningh.de

Einbandgestaltung: Evelyn Ziegler, München
Printed in Germany
Herstellung: Ferdinand Schöningh GmbH & Co. KG, Paderborn

ISBN 978-3-506-78435-3

Inhalt

LOTHAR ROOS
Einführung 9

RAINER MARIA KARDINAL WOELKI
Von der Würde des Lebens und des Sterbens –
zur aktuellen Debatte um Sterbehilfe und
Sterbebegleitung 19

   1. Begrifflichkeiten und aktuelle
      politische Situation 21
   2. Selbstbestimmung, Lebensqualität und
      die Rolle des Arztes am Lebensende 25
   3. Sterben in christlicher Tradition 27
   4. Verantwortung der Kirchen und
      ihrer Einrichtungen 29

CHRISTIAN HILLGRUBER
Die Menschenwürde und das verfassungsrechtliche
Recht auf Selbstbestimmung – ein und dasselbe? 31

   1. Einleitung 31
   2. Verdopplung des Freiheitsschutzes? 33
   3. »Würde des Menschen« –
      Würde jedes Menschen 35
   4. Die existentielle Gleichstellung aller
      Menschen als empfindsame, auf ihre Mitmenschen
      angewiesene leidensfähige,
      kurz: verletzliche Wesen 38
   5. Die Entscheidung des Parlamentarischen Rates
      für ein ganzheitliches Verständnis des Menschen
      und seiner Würde 41
   6. Menschenwürde und Sterben 44

Inhalt

GIOVANNI MAIO
Der assistierte Suizid als ethische Resignation
der Medizin... 51

1. Autonomie als kreativer Umgang
   mit der Angewiesenheit.. 53
2. Auch der schwerkranke Mensch hat Potenziale ... 55
3. Fehlender Glaube an die Solidarität der anderen.. 56
4. Kultur der Machbarkeit.. 57
5. Sozial bestätigte Wertlosigkeit des Lebens........... 59
6. Vermittlung der Lebensbejahung als
   unhintergehbare soziale Aufgabe.......................... 60
7. Assistierter Suizid als implizite Entpflichtung
   der Gesellschaft.. 62
8. Privatisierung eines gesamtgesellschaftlichen
   Defizits... 64
9. Reintegration der Schwerkranken
   in die Gesellschaft.. 69

CHRISTOPH VON RITTER
Kein Tod auf Rezept – warum Ärzte nicht töten dürfen 71

1. Primum nihil nocere, das Grundprinzip
   ärztlichen Handelns.. 73
2. »Unerträgliches Leiden«, die »Leid«-Kultur........ 74
3. Geduld mit dem Leiden 76
4. Selbstbestimmung und »sinnlose«
   Lebensverlängerung... 77
5. Selbstbestimmter Sterbewunsch oder Depression 79
6. Gewissensfreiheit, die Selbstbestimmung
   des Arztes... 80
7. »Therapieabbruch« oder Änderung
   des Therapieziels.. 81
8. Sozioökonomische Hintergründe......................... 82

Inhalt

9. Ars moriendi, die Kunst des Sterbens...............	84
Zusammenfassung	87
Literatur	89

MANFRED SPIEKER
Suizidbeihilfe? –
Fragen an die Gesetzentwürfe zum assistierten Suizid
im Deutschen Bundestag 91

1. Die vier Gesetzentwürfe	92
2. Das Problem der Selbstbestimmung...............	95
3. Das Problem des Lebensschutzes	99
4. Die Logik des assistierten Suizids	103

Autoren 109

Lothar Roos

Einführung

Als vor ca. 40 Jahren nach einer heftigen öffentlichen Debatte eine weitgehende strafrechtliche Freigabe der Abtreibung erfolgte[1], veröffentlichte der damalige Erzbischof von Köln Joseph Kardinal Höffner unter der Überschrift »Nicht töten – sondern helfen!« seine »Zehn Grundsätze über den Schutz des ungeborenen Lebens.« Er stellte darin weitblickend fest: »Jetzt geht es um den Anfang des Lebens, morgen wird es vielleicht um das Ende gehen.« Aus diesem »Vielleicht« ist inzwischen ein Faktum geworden. Noch in diesem Jahr sollen im Deutschen Bundestag Gesetzeswerke verabschiedet werden, die sich mit den rechtlichen Fragen um die »Sterbehilfe«, besonders um die Zulässigkeit eines »assistierten Suizids« befassen.

Die Joseph-Höffner-Gesellschaft möchte mit diesem Band dazu beitragen, dass in der aktuellen Diskussion über Sterbehilfe und assistierten Suizid kurzschlüssige Lösungen vermieden werden und das Thema »Wie wollen wir sterben?« in einer Weise diskutiert wird, in der theologische, sozialethische, rechtswissenschaftliche und medizinisch-ethische Aspekte in ihrem jeweiligen Eigengewicht in den Entscheidungsprozess eingehen. Denn nur bei einer solchen ganzheitlichen Sicht lassen sich Wege finden, um angesichts der Komplexität des Themas zu human verantwortlichen Entscheidungen zu kommen.

Den Anstoß für die Konzeption dieses Bandes gab die 13. Joseph-Höffner-Vorlesung, zu der die Joseph-Höffner-Ge-

---

[1] Vgl. das 15. Strafrechtsänderungsgesetz vom 21. Juni 1976.

sellschaft gemeinsam mit dem Universitätsclub Bonn und mit Unterstützung des Studium Universale der Universität Bonn am 5. Mai 2015 den Erzbischof von Köln, Rainer Maria Kardinal Woelki, eingeladen hatte. Sein Vortrag »Wie wollen wir sterben? Ein Beitrag zur Debatte um Sterbehilfe und Sterbebegleitung« fand so großes Interesse, dass er per Video in einen zweiten Vortragssaal übertragen werden musste. In der anschließenden, von der Bonner Privatdozentin Dr. Katharina Westerhorstmann geleiteten fast einstündigen Diskussion kamen neben theologischen und sozialethischen auch rechtswissenschaftliche, medizinisch-ethische und Aspekte der ärztlichen Praxis in den Blick. So legte es sich nahe, für diese Veröffentlichung weitere Autoren zu gewinnen, um so eine möglichst interdisziplinäre Durchleuchtung des Themas zu ermöglichen. Christian Hillgruber, Giovanni Maio und Manfred Spieker sind den Lesern der Veröffentlichungen der Joseph-Höffner-Gesellschaft bereits von früheren Bänden bekannt.[2] Darüber hinaus konnten die Herausgeber mit Christoph von Ritter einen Autor gewinnen, der als Hochschullehrer und Chefarzt eines Krankenhauses wissenschaftliche Reflexion und ärztliche Praxis in idealer Weise verbindet.

Im Folgenden soll in einem kurzen Überblick herausgestellt werden, welche spezifischen Aspekte des Gesamtthemas die einzelnen Autoren aufgreifen, welche Fragen sie dabei bewegen und wie die einzelnen Beiträge miteinander zusammenhängen.

---

[2] Manfred Spieker/Christian Hillgruber/Klaus Ferdinand Gärditz, Die Würde des Embryos – Ethische und rechtliche Probleme der Präimplantationsdiagnostik und der embryonalen Stammzellforschung, Paderborn 2012; Andreas Kruse/Giovanni Maio/Jörg Althammer, Humanität einer alternden Gesellschaft, Paderborn 2014; Lothar Roos/Werner Münch/Manfred Spieker, Benedikt XVI. und die Weltbeziehung der Kirche, Paderborn 2015.

Einführung

Rainer Maria Kardinal Woelki:
Von der Würde des Lebens und des Sterbens –
Zur aktuellen Debatte um Sterbehilfe und Sterbebegleitung

Was es bedeute, in Würde zu sterben, so beginnt Kardinal Woelki seine Darlegungen, hänge grundsätzlich davon ab, welche Vorstellung von einem würdigen Leben wir haben. Mit dem Medizinethiker Ralf Stoecker stellt er fest, dass die heutigen Möglichkeiten der Selbstoptimierung Menschen zu der irrigen Annahme verleiten können, »dass nur ein Leben in Jugendlichkeit und Schönheit, Sportlichkeit und gewissem Auskommen lebenswert und -würdig sei.« Demgegenüber formuliere Stoecker wunderbar einfach: »Es ist mit der Würde vereinbar, schwach zu sein!« Mit Franz Müntefering hält Kardinal Woelki es für eine »fragwürdige Autonomie«, wenn »aus Angst vor dem unsicheren Leben ein sicheres Ende gesucht und der präventive Tod zur Mode der angeblich Lebensklügsten gemacht werde.« Nach einer genauen Klärung der Begriffe geht dann der Kardinal auf den eigentlichen Problemfall ein: die »aktive Sterbehilfe« als das »direkte Eingreifen in den Sterbeprozess durch Tötung, d.h. durch Tötung auf Verlangen bzw. Beihilfe zur Selbsttötung.« Werde die aktive Sterbehilfe zur »alltäglichen Dienstleistung« im gesundheitlich-pflegerischem Versorgungsgeschehen, dann »steige der Druck auf schwerkranke oder altersbedingt hilfsbedürftige Menschen, am Ende den Suizid anstreben zu müssen, um anderen wohlmöglich nicht zur Last zu fallen.« Nach Ausführungen zur Rolle des Arztes am Lebensende geht er auf die *ars moriendi* in christlicher Tradition ein.[3] Unter der Überschrift »Verantwortung der Kirchen und ihrer Einrichtungen« dokumentiert der Kardinal am Schluss seines Beitrages zunächst Anzahl und Aufgaben der entsprechenden Einrichtungen, um dann eingehend darzulegen, was »Sterben in Würde« im Lichte des christlichen

---

[3] Vgl. dazu auch die Ausführungen von Christoph von Ritter in diesem Band.

Menschenbildes bedeute und verlange. Dabei interpretiert er auch die in Art. 1 Abs. 1 GG verankerte Menschenwürdegarantie und deren Verständnis von Menschenwürde. Dazu wörtlich: »Der Artikel impliziert, dass man über keinen Menschen sagen darf: Es ist nicht gut, dass Du lebst. Und wenn ein Mensch das in höchster Not von sich selber sagt, dann hat er in einer humanen Gesellschaft den Anspruch, dass er Mitmenschen begegnet, die ihm widersprechen und ihm sagen: Es ist gut, dass es Dich gibt. Das ist die Grundlage unserer Werteordnung.« Es werde »eiskalt in einer Gesellschaft, die es zulässt, dass sich Menschen, getrieben von Krankheit oder Aussichtslosigkeit, töten lassen wollen oder um Hilfe bei der Selbsttötung bitten. So stirbt man nicht selbstbestimmt, sondern bestimmt von Schmerz, Einsamkeit und Verzweiflung.« Gerade in dieser Situation entstehe »die Verpflichtung, Menschen in dieser Lebensphase besonders zu unterstützen, durch palliativmedizinische Versorgung, intensive Begleitung und seelsorgliche Angebote.« Kardinal Woelki schließt mit einem Zitat von Kristin Raabe: »Am Lebensende schwach zu sein, beeinträchtigt die Würde nicht, allein gelassen zu werden schon.«

Christian Hillgruber: Die Menschenwürde und das verfassungsrechtliche Recht auf Selbstbestimmung – ein und dasselbe?

Christian Hillgruber ist schon durch seine Dissertation »Der Schutz des Menschen vor sich selbst« (1991) besonders dafür prädestiniert, die verfassungsrechtlichen Grundlagen der aktuellen Debatte um Sterbehilfe und assistierten Suizid herauszuarbeiten. Dabei geht es grundlegend um das Beziehungsverhältnis der Menschenwürdegarantie (Art. 1 Abs. 1 GG) und dem Recht auf freie Entfaltung der Persönlichkeit (Art. 2 Abs. 1 GG). Die Befürworter einer möglichst liberalen Praxis berufen sich auf die Autonomiegewähr des Art. 2 Abs. 1 GG und versuchen dabei, die grundgesetzliche Garantie der Menschenwürde dieser Autonomie unterzuordnen.

Hillgruber legt demgegenüber in luzider Weise dar, dass hinter dieser Theorie ein naiv-unrealistisches Menschenbild steht, das die kreatürliche Bedürftigkeit, Not und Hinfälligkeit, wie sie besonders Kindheit, Krankheit und Alter sichtbar machen, einfach ausblendet. Gerade dies aber habe der Parlamentarische Rat bei der Erarbeitung des Grundgesetzes nicht getan. Was das für die gegenwärtige Debatte bedeutet wird auf äußerst stringente Weise entfaltet. Daraus folgt u.a., wie der Autor seinen Kollegen Udo Di Fabio zitiert: »Einer dem Leben zugewandten freiheitlichen Gesellschaft kann nicht gleichgültig bleiben, wenn Menschen in Verzweiflung oder Verwirrtheit das eigene Leben und die eigene Gesundheit missachten, sich selbst aufgeben und dabei für andere falsche Signale setzen. Das Grundrecht auf Leben ist auch eine Wertentscheidung für das Leben, für eine lebenbejahende Gesellschaft, die hier entschieden Position bezieht.« Zusammenfassend stellt Hillgruber fest: Da die Selbstbestimmungsfähigkeit des Menschen an seinem Lebensanfang noch nicht vorhanden und im Alter langsam, aber sicher wieder abnimmt, ist er am Anfang wie am Ende seines Lebens »auf fürsorgliche Hilfe zur Selbstentfaltung angewiesen. Wer zu sehr auf Selbstbestimmung als vermeintlichem Kern des Menschseins fixiert ist, blendet andere Aspekte des Humanen aus und vermag damit den Wert und die Würde, die Art. 1 Abs. 1 GG jedem Menschen, also auch dem Selbstbestimmungsunfähigen, bedingungslos zuspricht, nicht zu erkennen und anzuerkennen. Damit aber wird die Schutzfunktion der Menschenwürdegarantie verfehlt.«

Giovanni Maio: Der assistierte Suizid als ethische Resignation der Medizin

In der bisherigen öffentlichen Debatte ist wenig darüber zu hören, inwieweit das Postulat des assistierten Suizids die Folge einer weitgehenden Schwächung ethischer Grundwertüberzeugungen und der damit verbundenen Verhaltensweisen und Tugenden darstellt. Genau mit dieser Frage beschäftigt sich Giovanni Maio in seinem Beitrag. In der Verwischung der Grenze zwischen Sterbenlassen und Tötung sieht er eine unter dem Deckmantel der Freiheit »einhergehende verkappte Form der Endsolidarisierung«, in der ein assistierter Suizid als Regelleistung gegenüber den verzweifelten Menschen zur humanen Wohltat deklariert wird. Der Suizid, beziehungsweise die Beihilfe dazu, werde so zum Ergebnis eines kalkulatorischen Aufrechnens, als wäre das Leben eine Aktie, deren Wert wir jeden Tag neu prüfen, um zu entscheiden, ob wir sie noch halten wollen oder doch lieber abstoßen, bevor sie noch weiter an Wert verliert. Hinter einer solchen ökonomistischen Denkweise entdeckt Maio eine defizitäre Anthropologie, die das Schwinden der Kräfte, das mögliche Krankwerden und das Alt- und Gebrechlichwerden als Schwundstufen des Menschseins betrachtet, verbunden mit der Vorstellung, Autonomie bestünde darin, alles ohne die Hilfe Dritter machen zu können. Daraus folge die Fixierung, nur so lange Leben zu wollen, wie wir autonom sind – autonom im Sinne einer absoluten Unabhängigkeit von anderen. In diesem Anspruch verberge sich aber eine tiefe Tragik, denn er sei grundsätzlich nicht einlösbar. Von da aus entwickelt Giovanni Maio dann ein Verständnis von Autonomie als kreativer Umgang mit der Angewiesenheit und der Wahrnehmung der Potenziale auch schwerkranker Menschen. Dem stellt er den Irrweg einer »Kultur der Machbarkeit« gegenüber, gemäß dem der »machbare Tod« dem langwierigen Prozess der Vermittlung von Anerkennung durch Sorge vorgezogen werde. Das ist der eigentliche Unterton der Hochstilisierung des assistierten Suizids. Der handhabbare Tod, der Tod auf Bestellung, erscheint schlichtweg als der effizientere und damit in einem ökonomistischen Zeitalter geradezu automatisch als der bessere Weg. Giovanni Maio führt dann eingehend aus, wie sowohl in der ärztlichen Praxis als auch am Beispiel der Hospizdienste ein besserer Weg gefunden und gegangen werden kann. Dagegen stehe ein scheinbarer Konsens, Leben sei nicht an sich wertvoll, sondern nur dann, wenn es etwas leiste.

Einführung

Christoph von Ritter: Kein Tod auf Rezept – Warum Ärzte nicht töten dürfen

Der Frage, warum Ärzte nicht töten dürfen, geht Christoph von Ritter in einer differenzierten Analyse nach, in der geistesgeschichtlich-anthropologische Einsichten und praktische Erfahrungen als Chefarzt eines Krankenhauses zusammenfließen. Besonders erhellend sind dabei seine Hinweise darauf, wie in der gegenwärtigen Debatte mit semantischen Tricks Probleme verharmlost werden: etwa durch die »Verbrämung« von Euthanasie mit der positiven Konnotation von »Sterbe-Hilfe«, oder wenn man unbeschadet der tatsächlichen Möglichkeiten der Palliativmedizin von einem qualvollen Sterben und unerträglichen Leiden spricht. Folglich wird dann der Arzt »zum Erlöser vom Leib und zum Herrscher über Leben und Tod« stilisiert. Besonders erhellend erweisen sich die Ausführungen über die Korrelation von selbstbestimmtem Sterbewunsch und Depression. Deutlich stellt der Autor die sozial-ökonomischen Hintergründe der sich zunehmend ausbreitenden Mentalität heraus, den Bürgern aus staatsutilitaristischer Sorge um das Gemeinwohl ein sozialverträgliches Ableben nahe zu bringen. Eine besondere Kostbarkeit des Aufsatzes stellt das Schlusskapitel über die *ars moriendi*, die Kunst des Sterbens, dar. Hier zeigt von Ritter – beginnend mit Anselm von Canterburys »Admonitio morienti« – die »Anfechtungen« auf, die einer solchen »Kunst« entgegenstehen. Damit wird zugleich deutlich, dass eine solche *ars moriendi* ihren tiefsten Grund im christlichen Glauben an den Tod und die Auferstehung Christi eingeübt werden kann. Eine utilitaristische Anthropologie ist damit unvereinbar. Mit diesem Schlusssatz knüpft der Arzt an die theologische Anthropologie an, die Kardinal Woelki in seinem Vortrag im ersten Beitrag dieses Bandes entfaltete.

Lothar Roos

Manfred Spieker: Suizidbeihilfe? – Fragen an die Gesetzentwürfe zum assistierten Suizid im Deutschen Bundestag

Warum wird seit einem Jahr und vor allem in diesen Monaten im Deutschen Bundestag über eine Legalisierung der Suizidbeihilfe diskutiert? In seinem Beitrag benennt Manfred Spieker zwei Quellen: Zum einen geht es darum, ob die von Organisationen oder Personen ausgehenden Angebote einer Suizidbeihilfe rechtlich erlaubt seien oder nicht. Zum anderen sei es »das Selbstbestimmungsrecht eines Patienten, eine solche Beihilfe zu verlangen.« Spieker referiert die Position der Bundesärztekammer, Ärzte »sollen Hilfe beim Sterben leisten, aber nicht Hilfe zum Sterben.« Mit Ausnahme des Entwurfs von Sensburg/Dörflinger, so Spieker, wollen alle Entwürfe die Suizidbeihilfe von Angehörigen und Ärzten legalisieren. Zwei der Gesetzesvorlagen fordern, dass die Suizidbeihilfe ein ärztliches Behandlungsangebot werden soll. Im Einzelnen geht es dabei um drei Fragen: die nach der »Selbstbestimmung« beim assistierten Suizid, die Auswirkungen einer solchen Regelung auf den Lebensschutz gerade der alten, kranken und pflegebedürftigen Menschen und schließlich um die Frage der Abgrenzung des assistierten Suizids von der Tötung auf Verlangen. Im Blick auf diese drei Fragen werden sämtliche Gesetzesentwürfe kritisch durchleuchtet. Die Problematik, dass die Legalisierung der Suizidbeihilfe durch Ärzte und Angehörige einen Druck auf die Patienten erzeugen kann, Suizidwünsche zu verstärken oder erst entstehen zu lassen, weil sie ihren Angehörigen nicht zur Last fallen wollen, wird von den drei Entwürfen, die eine Legalisierung anstreben, weitgehend ignoriert oder bestritten. Mit Blick auf die in den Niederlanden bereits beobachteten Folgen einer Legalisierung der Beihilfe zum Suizid führt dies praktisch dazu, Ärzten die Macht zu geben, zu definieren, was lebenswert, aussichtsreich oder erträglich sei. Sie ermögliche nicht nur die Tötung auf Verlangen, sondern auch die Tötung ohne Verlangen, die einen erheblichen Teil der niederländischen Euthanasiefälle ausmacht. Auf die mit

Einführung

all dem zusammenhängende fatale Problematik weißt Spieker mit einem Zitat von Altbundespräsident Johannes Rau hin: »Wo das Weiterleben nur eine von zwei legalen Optionen ist, wird jeder rechtlich haftpflichtig, der anderen die Last seines Weiterlebens aufbürdet.« Die Gegenposition spricht von einem »altruistischen« Suizid, der letzten Endes »auch im eigenen Interesse der suizidwilligen Person liege« und »ein letzter humaner solidarischer Akt« sei.

Da man erwartet, dass der betreffende Arzt einschreitet, wenn etwas schief geht oder der Suizident sich quält, sei, so der Arzt Rudolf Henke MdB bei der Bundestagsdebatte am 13. November 2014, »die Grenze zwischen der Suizidbeihilfe und der Tötung auf Verlangen sehr, sehr unscharf.« Die Tötung auf Verlangen liege deshalb, wie auch die Erfahrungen in den Niederlanden zeigen, in der Logik des assistierten Suizids. Abschließend kommt Spieker zu der Feststellung: »Der einzige Gesetzentwurf, der dieser Entwicklung vorzubeugen vermag, ist der Entwurf Sensburg/Dörflinger, der die Suizidbeihilfe verbietet, wie dies auch die Rechtsordnungen anderer Staaten in Europa tun, denen niemand den Charakter eines Rechtsstaats absprechen wird [...]. Wer konsequent das in Art. 2 Abs. 2 GG gewährleistete Recht auf Leben und körperliche Unversehrtheit schützen und den Beruf des Arztes vor jedem Zwielicht bewahren will, wird deshalb dem Entwurf Sensburg/Dörflinger zustimmen müssen.«

Für die Unterstützung bei der zeitnahen Realisierung dieses Bandes gilt Herrn Dr. Hans J. Jacobs vom Verlag Schöningh sowie meinem Assistenten Herrn cand. iur. Georg Dietlein, B.Sc. (BWL), der für die Öffentlichkeitsarbeit der Joseph-Höffner-Gesellschaft verantwortlich ist, besonderer Dank.

Prof. Dr. Dr.h.c. Lothar Roos,

Vorsitzender der Joseph-Höffner-Gesellschaft

Rainer Maria Kardinal Woelki

Von der Würde des Lebens und des Sterbens

Zur aktuellen Debatte um Sterbehilfe und Sterbebegleitung[1]

Virulent wird in unserem Land zurzeit die Frage diskutiert, was es bedeutet, in Würde zu Sterben. Dabei wird bisweilen außer Acht gelassen, wie sehr die Frage danach, was ein Sterben in Würde bedeutet, eine Aussage darüber impliziert, welche Vorstellung von einem würdevollen Leben wir haben. Der Medizinethiker Ralf Stoecker weist eindringlich darauf hin, dass in unserer Gesellschaft ein zunehmend enges Verständnis von einem Leben in Würde vorherrsche. Die Möglichkeiten der Selbstoptimierung verleiten Menschen zu der irrigen Annahme, dass nur ein Leben in Jugendlichkeit und Schönheit, Sportlichkeit und gewissem Auskommen, lebenswert und würdig sei. Demgegenüber formuliert Stoecker wunderbar einfach: »Es ist mit der Würde vereinbar, schwach zu sein!« Und weiter: »Wenn es irgendwie die Würde bedroht, nicht mehr klar denken zu können, dann ist es irgendwo auch nicht so richtig würdig, jemand zu sein, der das nicht kann, weil er zum Beispiel eine geistige Behinderung hat. Das Menschenbild, das wir einbringen in die Frage, welches Sterben ist würdig und welches Sterben ist nicht würdig, dieses Menschenbild bezieht sich niemals aus-

---

[1] Der Beitrag geht zurück auf einen Vortrag, den der Verfasser am 5. Mai 2015 als 13. Joseph-Höffner-Vorlesung im Bonner Universitätsclub gehalten hat.

schließlich nur auf Sterbende.«[2] Nach Meinung Stoeckers müssen wir dringend auch darüber debattieren, was es heißt, in Würde zu leben – denn geistig Behinderten oder Alten die Würde abzusprechen, kann nicht wirklich im Interesse aller sein.

In Würde sterben wollte auch der frühere MDR-Intendant, Udo Reiter. Noch zu Lebzeiten führte er eine Debatte darüber, dass mit »dem allseits akzeptierten Recht auf ein selbstbestimmtes Leben ein Recht auf einen selbstbestimmten Tod«[3] einherzugehen habe, mit dem früheren SPD-Parteivorsitzenden, Vizekanzler und Minister, Franz Müntefering. Für diesen wiederum firmiert die aktive Sterbehilfe unter den Überschriften von »Selbstbestimmung« und »Lebensqualität« zum finalen Beweis einer fragwürdigen Autonomie: »Hier soll aus Angst vor dem unsicheren Leben ein sicheres Ende gesucht und der präventive Tod zur Mode der angeblich Lebensklügsten gemacht werden«,[4] so Müntefering.

Kurz nachdem Udo Reiter seinem Leben dann tatsächlich unmittelbar vor einer ersten Debatte im Deutschen Bundestag zum Thema Sterbehilfe ein Ende gesetzt hat, kam Franz Müntefering, der seine Ehefrau bis in den Tod gepflegt und begleitet hatte, in einer diesem Thema gewidmeten Sendung bei Günter Jauch erneut eindringlich zu Wort. Als strikter Gegner aller gesetzlichen Regelungen, die das Töten kranker Menschen vereinfache, kritisierte er Reiters Haltung und seine Handlung scharf. Dessen Aussagen über die Lage Pflegebedürftiger sei eine Beleidigung aller Betroffenen, auch jener, die sich um sie kümmerten. Das Sterben sei Teil des Lebens und habe eine eigene Würde, wie auch jeder Mensch, gleich in welchem Zustand, seine Würde behalte. Erst mit dem Freitod gibt ein Mensch alle Selbstbestimmung auf. Es

---

[2] Ralf Stoecker, in: WDR Quarks & Co. vom 21.04.2015 (www1.wdr.de/fernsehen/ wissen/ quarks/sendungen/sterbehilfe-gesetzmaessig100.html).
[3] Udo Reiter, Mein Tod gehört mir, in: SZ vom 04.01.2014.
[4] Franz Müntefering, Gefährliche Melodie, in: SZ vom 03.01.2014.

kann schließlich nicht Befreiung sein, so der Philosoph Robert Spaemann, wenn das Subjekt möglicher Freiheit vernichtet wird.[5] Der gute Gebrauch, so Spaeman, der grundsätzlichen Fähigkeit zum Suizid ist nämlich ihr Nicht-Gebrauch. Doch worum geht es in der aktuellen Debatte genau?

1. Begrifflichkeiten und aktuelle politische Situation

Hieß das aus dem griechischen entlehnte Wort Euthanasie eigentlich nur »guter, sanfter Tod« und war in der Antike auch konnotiert mit einer Hilfe zu ebensolchem guten Tod, so wurde der Begriff in späteren Zeiten für die absichtliche Abkürzung des Sterbeprozesses durch Tötung verwendet. Vollends diskreditiert ist der Begriff seit der »Vernichtung lebensunwerten Lebens« während der Herrschaft der Nationalsozialisten, die diese Tötungen als Euthanasieprogramm bezeichneten. Viele, die heute für die Einführung aktiver Sterbehilfe plädieren, wehren sich vehement gegen diesen historischen Vergleich. Aber man darf die Geschichte nicht ausblenden: »Die Euthanasieaktion war nicht zuletzt eine psychiatrische Erfindung, der der Nationalsozialismus bloß seinen folgenreichen diabolischen Segen gegeben hat. Daraus erwächst deutschen Psychiatern eine besondere Verantwortung, die man nicht bloß in Gedenkveranstaltungen beschwören darf, sondern die sich in politischen Auseinandersetzungen bewähren muss. Und so dürfen wir uns bei den neuen Euthanasiedebatten nicht einreden lassen, wir hätte da so etwas wie eine frühe Störung, von der wir uns endlich frei machen müssten. Im Gegenteil: Deutsche Psychiater verfügen über mehr und schrecklichere Erfahrungen als Ärzte anderer Länder, wenn es um die ärztliche Tötung von Menschen geht. Und deswegen müssen sie umso nachdrücklicher

---

[5] Robert Spaemann, Euthanasie, in: DIE ZEIT vom 15.02.2015 (www.zeit.de/2015/07/sterbehilfe-selbstmord-pflicht-robert-spaemann).

davor warnen, hier ein Grenze zu überschreiten, die Ärzten seit Jahrtausenden die Tötung von Menschen verwehrt.«[6] Es ist erschreckend zu sehen, wie sehr die Tabuisierung der Sterbehilfe, die nach den Gräueltaten der Nationalsozialisten jahrzehntelang Konsens war, in den aktuellen Debatten fällt. Beim Begriff der Sterbehilfe selbst müssen wir folgende Unterscheidungen berücksichtigen: Zum einen gibt es den Wortgebrauch, der dem der Sterbebegleitung[7] recht nahe kommt und die Hilfe zu einem guten Tod bei alten und sterbenskranken Menschen meint. Hier geht es dann um eine angemessene Pflege, schmerzlindernde Behandlung und seelsorgliche Begleitung. Zum anderen gibt es im engeren Wortsinn der Sterbehilfe den Unterschied zwischen Sterbehilfe als passiver Hilfe zum Sterben im Gegensatz zur indirekten Sterbehilfe und schließlich zur aktiven Sterbehilfe. Bei der Sterbehilfe als passiver Hilfe zum Sterben handelt es sich entweder um ausdrücklichen Verzicht auf lebensverlängernde Maßnahmen oder um den Abbruch genau solcher Maßnahmen. Bei der indirekten Sterbehilfe wiederum wird eine mögliche Verkürzung des Sterbeprozesses durch die Verabreichung schmerzstillender Medikamente in Kauf genommen; diese indirekte Sterbehilfe liegt auch im Fall der terminalen bzw. palliativen Sedierung vor. In diesem Fall wird unter Inkaufnahme eines beschleunigten Todes die Gabe stark schmerzstillender Medikamente durchgeführt, um einem Menschen in der allerletzten Lebensphase Schmerzen zu ersparen, was schon von Papst Pius XII. als ethisch gerechtfertigt bezeichnet wurde.[8]

---

[6] Manfred Lütz, Es gibt keine Lizenz zum Töten, in: FAZ vom 12.12.2014 (www.faz.net/aktuell/feuilleton/ debatten/sterbehilfe-es-gibt-keine-lizenz-zum-toeten-13314113.html).
[7] Vgl. dazu auch: Sekretariat der Deutschen Bischofskonferenz/Kirchenamt der Evangelischen Kirche Deutschlands (Hrsg.), Sterbebegleitung statt aktiver Sterbehilfe. Eine Sammlung kirchlicher Texte (Gemeinsame Texte 17), 2. Aufl., Bonn/Hannover 2011.
[8] »Wenn aber der Sterbende zustimmt, ist es erlaubt, mit Mäßigung Betäubungsmittel zu gebrauchen, die seine Schmerzen lindern, aber

Die aktive Sterbehilfe meint demgegenüber das direkte Eingreifen in den Sterbeprozess durch Tötung, d.h. durch Tötung auf Verlangen bzw. Beihilfe zur Selbsttötung. Bislang ist in Deutschland jegliche Beihilfe zum Suizid straffrei. Aktuell ist eine neue Gesetzesinitiative in Vorbereitung, die jegliche Form von organisierter Sterbehilfe verbietet. Dies würde auch ein Verbot der Vereine implizieren, die ohne Gewinnstreben, die aktive Sterbehilfe anbieten. Der amtierende Bundesgesundheitsminister Gröhe hat sich genau für ein solches Verbot jeder Form der organisierten Beihilfe zur Tötung ausgesprochen. In einer bewegenden Debatte hat der Deutsche Bundestag im November 2014 das Für und Wider eines Verbots der Beihilfe zur Selbsttötung diskutiert. Dabei zeichneten sich folgende Konsense und Streitpunkte heraus[9]: Übereinstimmend wurden die Selbstbestimmung über die medizinische Behandlung durch eine Patientenverfügung bekräftigt und Verbesserungen der palliativmedizinischen Versorgung und des Angebotes an Hospizen angemahnt. Konsens bestand auch darin, dass im Einzelfall eine Beihilfe zur Selbsttötung im persönlichen Nahbereich nicht unter Strafe gestellt werden kann. Gemeint ist hier die Beihilfe durch Partnerinnen und Partner, Angehörige, nahe Freunde, aber auch durch Ärztinnen und Ärzte bei länger andauernder Arzt-Patienten-Beziehung. Nicht erwogen wurde die Möglichkeit, die ärztliche Beihilfe zur Selbsttötung zur medizinischen Regelleistung zu machen. Einhellig schien eine Relati-

---

auch den Tod rascher herbeiführen. In diesem Fall wird der Tod nicht direkt gewollt. Doch ist er unvermeidlich, und entsprechend wichtige Gründe rechtfertigen Maßnahmen, die sein Kommen beschleunigen.« (Papst Pius XII. am 09.09.1948 in seiner Ansprache »Über die Psychopharmakologie und ihre sittlichen Normen« in Rom; Abdruck im Abschnitt »Indirekte aktive Sterbehilfe«, in Wilhelm Uhlenbruck, Selbstbestimmung im Vorfeld des Sterbens – rechtliche und medizinische Aspekte. Zentrum für medizinische Ethik, Bochum, Medizinische Materialien, Heft 77, September 1992, S. 12).

[9] Vgl. dazu: Erzbistum Köln (Hrsg.), Dem Sterben Leben geben, Köln 2015.

vierung des strafrechtlichen Verbots der Tötung auf Verlangen als indiskutabel. Aber: zahlreiche Abgeordnete wollen die organisierte und/oder regelmäßige Suizidbeihilfe strafrechtlich verbieten. Dieses Verbot würde dann Sterbehilfevereine betreffen – nicht aber die Suizidassistenz im persönlichen Nahbereich. Diese Abgeordneten führen folgende Gründe für ein solches Verbot an: Eine organisierte Beihilfe zum Suizid lenke vom eigentlichen gesellschaftlichen Problem ab, nämlich durchgängig menschenwürdige Bedingungen bei Pflege- und Hilfebedürftigkeit am Lebensende und in Krisensituationen zu schaffen. Die organisierte Beihilfe zum Suizid und die damit verbundene Erleichterung der Selbsttötung fördere nicht die individuelle Selbstbestimmung. Vielmehr gefährde ein solches Angebot Selbstbestimmung und Menschenwürde. In dem Maße nämlich, wie der assistierte Suizid durch ein organisiertes Angebot zu einer alltäglichen »Dienstleistung« im gesundheitlich-pflegerischen Versorgungsgeschehen werde, steige der Druck auf schwerkranke oder altersbedingt hilfebedürftige Menschen, am Ende den Suizid anstreben zu müssen, um anderen womöglich nicht zur Last zu fallen.

Demgegenüber lehnen andere Abgeordnete ein strafrechtliches Verbot der Assistenz bei der Selbsttötung ab. Hier spielt das Argument eine Rolle, bei einem strafrechtlichen Verbot der Suizidhilfe würde die eigene Weltanschauung oder Religion über den Weg des Strafrechts zum Maßstab für andere gemacht. Außerdem begründen sie ihre Position damit, dass die Beihilfe zu einer nicht verbotenen Tat, nämlich der Selbsttötung, nicht verboten werden könne. Die so argumentierenden Abgeordneten wollen aber Sterbehilfevereine durch staatlich vorgegebene Qualitätsstandards reglementieren. Diese Standards schlössen eine kommerzielle, gewinnorientierte Suizidbeihilfe aus. Schließlich tritt eine weitere Gruppe von Abgeordneten für eine ausdrückliche zivilrechtliche Erlaubnis des ärztlich assistierten Suizids unter sehr strengen Voraussetzungen ein. Dieser Vorschlag gründet in der Überzeugung, dass schwerstkranke unheilbare und extrem leidende Patientinnen und Patienten in Ärztinnen und

Ärzten eine vertrauenswürdige und kompetente Anlaufstelle haben sollten, falls sie sich nach eingehender Beratung dazu entschließen sollten, ihrem Leben ein Ende zu setzen. Diese Abgeordnetengruppe verspricht sich von ihrem Vorschlag, Sterbehilfevereine überflüssig machen zu können. Diese Abgeordneten stehen dem Wirken von Sterbehilfevereinen also durchaus sehr kritisch gegenüber, halten aber das Strafrecht für ein gänzlich unangemessenes Mittel, um gegen Sterbehilfevereine vorzugehen.

Noch ist die Debatte sowohl in der Politik wie in der Breite der Gesellschaft in vollem Gange. Mit einem möglichen Beschluss über eine neue gesetzliche Regelung ist allerfrühestens im Herbst 2015 zu rechnen. Dabei ist es zurzeit nicht absehbar, welche Position im Bundestag eine Mehrheit finden wird.

Der Wunsch zu sterben entsteht meist, wenn Menschen krank sind: 90% der Menschen, die Suizid begehen, litten an einer Depression oder an einer anderen psychischen Krankheit wie bspw. einer Suchterkrankung – oft möchten diese Menschen eher ein anderes Leben führen anstatt zu sterben. Im Meinungsbild sieht es so aus, dass 55% der Deutschen sich vorstellen können, sich aufgrund von Krankheit selbst zu töten, 52% denken, dass sich Schwerkranke mehr zum Suizid gedrängt fühlen, wenn Sterbehilfe prinzipiell freigegeben wird.

2. Selbstbestimmung, Lebensqualität und die Rolle des Arztes am Lebensende

Dort, wo es die faktische Freigabe der aktiven Sterbehilfe gibt, wie in den Niederlanden, wird dies als emanzipatorischer Akt betrachtet: »Die Selbstbestimmung wird ausgedehnt auf die Grenzen des Selbst: der Einzelne soll auch über das noch verfügen können, was seiner Verfügung wesentlich entzogen ist: Das Ende seines Lebens.«[10] So wertvoll die Kategorie der Selbstbestimmung auch ist – im Kontext der Behindertenselbsthilfe ist sie nach einer jahrhundertelangen Geschichte der Fremdbestimmung die Leitkategorie – muss man sich im Kontext des Sterbens durchaus fragen, ob sie hier angemessen verwendet wird. Ebenso unangebracht ist die Kategorie der »Lebensqualität« mit der u.a. der australische Bioethiker Peter Singer in den 1990er Jahren versucht hat, den Lebensschutz für bestimmte Gruppen – Embryonen, Säuglinge, Menschen mit schwerer geistiger Behinderung – auszuhebeln. Dabei muss man sich nämlich fragen, wie frei eine Entscheidung für einen herbeigeführten Tod sein kann in einer Gesellschaft, »die das Sterben so sehr tabuisiert hat, dass sie den Betroffenen Scham über ihren hilflosen Zustand aufnötigt.«[11] Haben diejenigen, die sich in ihrer hilflosen Lage den Tod wünschen, nicht längst das Werturteil der sie umgebenden Gesellschaft verinnerlicht, wonach ihrem Leben keine Qualität und demnach kein Wert mehr zukommt? Genau eine solche Geringschätzung beeinträchtigten Lebens wird nämlich unvermeidlich, »wenn man die Kategorie ›Lebensqualität‹ zugrunde legt.«[12] Die Lebensqualität, um die es am Ende des Lebens geht, hat ganz andere Inhalte. Denn am Ende des Lebens zählt, dass man nicht allein ist, das man sich seiner Hilflosigkeit nicht schämen muss, dass der Schmerz erträglich gemacht wird, dass niemand – auch man selbst – einem das Gefühl gibt, eine Last zu sein, die Möglichkeit erzählen und sein Leben beschließen zu können. Für religiös sozialisierte Menschen zählt darüber hinaus, dass sie Seelsorge als geistlichen Trost erfahren und sich getragen fühlen dürfen vom Glauben daran, dass man nicht tiefer fallen kann als in die Hände Gottes. Mit Selbstbestimmung als

---

[10] Christa Nickels, Über die Heiligkeit des Lebens in Zeiten seiner technischen Kontrollierbarkeit. Ein Beitrag zur Debatte über aktive Sterbehilfe, in: Annette Schavan (Hrsg.), Leben aus Gottes Kraft. Denkanstöße, Ostfildern 2004, S. 103 – 106, hier: S. 104.
[11] Ebd., 104.
[12] Ebd., 105.

Selbstverwirklichung und Selbstbehauptung hat diese Phase des Lebens wenig zu tun. Aber nicht nur die Begriffe Lebensqualität und Selbstbestimmung erfahren im Kontext der aktuellen Debatte eine Pervertierung. Beim Vorschlag, der Ärzteschaft die Suizidbeihilfe explizit zu erlauben, wird auch das ärztliche Ethos pervertiert. Seit wann, muss man entschieden fragen, haben Ärztinnen und Ärzte die Lizenz zum Töten? Es kommt einer Pervertierung des Arztberufes gleich, wenn der, der Leben erhalten soll, es preisgibt.

3. Sterben in christlicher Tradition

Die Literatur der *ars moriendi* versuchte im späten Mittelalter aus einer reformorientierten geistlichen Bewegung praktische Hilfestellung für Menschen im Sterben zu geben. Ausgehend von der mittelalterlichen *Artes-Literatur*, ist der Begriff *ars* von »Kunst« im modernen Sinn streng zu unterscheiden. Er bezeichnet die Fähigkeit, nach einem in ein Regelsystem gefassten Wissen handeln zu können. *ars moriendi* bedeutet ein praktisch und klar umschriebenes Wissen zur Bewältigung von Sterben und Tod, das erlernt und eingeübt werden kann, wobei die persönliche Begleitung durch einen Freund (*amicus*) bzw. eine Freundin (*amica*) von zentraler Bedeutung ist und der/die deshalb beizeiten in gesunden Tagen gesucht werden sollte. Diese »Kunst des Sterbens« ist sorgfältig von der *meditatio mortis* zu unterscheiden, die über die Betrachtung des Todes das Leben zu lehren versucht. Von seiner spätmittelalterlichen Herkunft ist der Begriff der *ars moriendi* deshalb ein spirituell-pastoraltheologischer Begriff. Die entsprechenden Schriften wollen vor allem anderen eine Anleitung für den Sterbeprozess selbst sein und stellen eine Form geistlicher Begleitung in der Sterbestunde dar[13]. Im christlichen Verständnis gehören Tod und Leben zusammen. Im Erwachsenen-Katechismus aus dem Jahr 1985 wird erläutert, dass die christliche Frömmigkeit aus dieser Einsicht die Mahnung abgeleitet habe: »Memento mori!« (Bedenke den Tod!). Das ist keine Aufforderung zur Weltflucht, sondern eine Mahnung, das Leben in der rechten Weise zu ordnen und zu bestehen. Aus dieser Mahnung spricht die Sorge um einen guten Tod. Die dahinterstehende Einsicht ist, dass der Mensch sich auf seinen Tod vorbereiten und ihm bewusst entgegen gehen sollte. Demgegenüber sind Sterben und Tod in der heutigen Zeit teilweise recht stillos geworden und aus dem Zuhause verbannt, in dem in früheren Zeiten in der Regel der Ort des Abschiednehmens war. Zwar sterben wir heute inmitten einer medizinischen Versorgungswelt, aber oft ohne menschliche Nähe und geistliche Begleitung. Einerseits ist der Tod in den Medien permanent präsent und gleichzeitig ist er öffentlich tabuisiert, wenn es um das individuelle Sterben geht. »Es wäre deshalb höchste Zeit, dass Christen sich wieder um ein menschenwürdiges Sterben bemühten. Christliche Sterbehilfe besagt vor allem: Niemand sollte vereinsamt sterben! Gerade den Sterbenden schulden wir das tätige und solidarische und nicht zuletzt das betende Zeugnis unserer christlichen Hoffnung.«[14] Sehr deutlich plädiert der Würzburger Moraltheologe, Stephan Ernst, dafür, dass die christliche Botschaft an dieser Stelle eine Hilfe sein kann, sich selbst anzunehmen und das Sterben bestehen zu helfen, indem sie dem Menschen zusagt, dass er so wie er ist, mit all seiner Unvollkommenheit und seinem Gebrechen unbedingt von Gott angenommen ist.[15]

---

[13] Vgl. dazu insgesamt: Peter Neher, Ars moriendi. Sterbebeistand durch Laien. Eine historisch-pastoraltheologische Analyse, St. Ottilien 1989.
[14] Katholischer Erwachsenen-Katechismus, 1985, 405.
[15] Vgl. insgesamt: Stephan Ernst, Den Menschen verbessern?, in: StdZ 4/2013, S. 263-273.

4. Verantwortung der Kirchen und ihrer Einrichtungen

Allein in katholischer Trägerschaft gibt es bundesweit 58 stationäre Hospize mit 482 Betten. Daneben gibt es flächendeckend das Angebot an Palliativpflegediensten mit 123 Einrichtungen bundesweit, die in die regionalen Strukturen eingebunden sind. Zusätzlich bieten 20 Einrichtungen eine spezialisierte ambulante Palliativversorgung an. Auch in der stationären Altenhilfe werden Konzepte zur Palliativpflege erarbeitet und an einigen Orten bereits umgesetzt.

Sterben in Würde bedeutet nicht, den Zeitpunkt des Todes selbst zu bestimmen, sondern die Art und Weise des Sterbens würdevoll zu gestalten. Artikel 1 unseres Grundgesetzes »Die Würde des Menschen ist unantastbar« – die verfassungsgemäße Antwort auf die Gräuel des Nationalsozialismus – bedeutet, dass das menschliche Leben immer und uneingeschränkt Schutz genießt. Der Artikel impliziert auch, dass man über keinen Menschen sagen darf: Es ist nicht gut, dass du lebst. Und wenn ein Mensch das in höchster Not von sich selber sagt, dann hat er in einer humanen Gesellschaft den Anspruch, dass er Mitmenschen begegnet, die ihm widersprechen und ihm sagen: Es ist gut, dass es dich gibt. Das ist die Grundlage unserer Werteordnung. Wenn Jürgen Habermas zur Fundierung des Menschenwürdebegriffs eine »rettende Übersetzung« des jüdisch-christlichen Begriffs von der Gottesebenbildlichkeit des Menschen anmahnt, dann ist der Todeswunsch eines Menschen für uns Christen der Ernstfall in der Praxis, und wir müssen einem solchen Menschen spürbar machen, dass wir ihn mehr lieben als er sich gerade selbst. Im Hospiz sterben lassen – das heißt, dass Menschen geborgen und vor allem ohne Schmerzen gehen dürfen. Viele Frauen und Männer, unabhängig von Religion und Weltanschauung, engagieren sich bereits vorbildlich dafür, dass Menschen in Würde aus diesem Leben gehen können. Ein Staat, der die Menschenwürde als höchstes Gut betrachtet, sollte daher mehr dafür tun, dass Menschen würdevoll auf ihrem letzten Weg begleitet werden, statt ihnen einen vermeintlichen zeitgemäßen Tod gesetzlich zu ermöglichen.

Denn es wird eiskalt in einer Gesellschaft, die es zulässt, dass sich Menschen, getrieben von Krankheit oder Aussichtslosigkeit, töten lassen wollen, oder um Hilfe bei der Selbsttötung bitten. So stirbt man nicht selbstbestimmt, sondern bestimmt von Schmerz, Einsamkeit und Verzweiflung. Gerade weil die Angst der Menschen vor Schmerzen und dem Tod ernst genommen wird, entsteht daraus die Verpflichtung, Menschen in dieser Lebensphase besonders zu unterstützen, durch palliativmedizinische Versorgung, intensive Begleitung und seelsorgliche Angebote.

In einer Sendung der Reihe *Quarks&Co.* zum Thema Sterbehilfe fasste es die Redakteurin Kristin Raabe folgendermaßen zusammen und ich mit ihrem Zitat schließe ich auch diesen Beitrag: »Am Lebensende schwach zu sein, beeinträchtigt die Würde nicht, allein gelassen zu werden schon.«[16]

---

[16] Kerstin Raabe, Vom Sterben in Würde, in: Quarks & Co. vom 21.04.2015 (www1.wdr.de/fernsehen/wissen/quarks/sendungen/sterbehilfe-gesetzmaessig100.html).

Christian Hillgruber

Die Menschenwürde und das verfassungsrechtliche Recht auf Selbstbestimmung – ein und dasselbe?*

1. Einleitung

In der aktuellen politischen Debatte um die Sterbehilfe, oder um es genauer und weniger euphemistisch zu bezeichnen: um die Zulässigkeit eines assistierten Suizids wird von dessen Gegnern wie Befürwortern die grundgesetzliche Garantie der Menschenwürde (Art. 1 Abs. 1 GG) als (vermeintlich) entscheidendes juristisches Argument ins Feld geführt. Für die einen folgt aus der Würde des Menschen die Unverfügbarkeit über das Leben, für die anderen soll sich aus eben dieser Würde im Gegenteil gerade die Freiheit zur Selbsttötung als einem letztem Akt der Freiheitsausübung ergeben, bei dem man sich selbstverständlich auch der Hilfe Dritter bedienen darf. Diese gegensätzlichen, ja diametral entgegengesetzten Deutungen der Menschenwürdegarantie sind zunächst einmal eine grundrechtsdogmatische Problemanzeige; sie verdeutlichen schlaglichtartig, dass es – auch nach mehr als sechzig Jahren Geltung des Grundgesetzes – bisher nicht gelungen ist, sich darüber zu verständigen, was die »Würde des Menschen«, die Art. 1 Abs. 1 GG für unantastbar erklärt und die zu achten und zu schützen aller staatlichen Gewalt

---

* Der Beitrag beruht auf einem Vortrag, den der Verfasser auf dem 20. Heidelberger Ökumenischen Forum am 12.6.2015 gehalten hat. Er wird auch im Evangelischen Pressedienst (epd-Dokumentation) und in der Zeitschrift für Lebensrecht (ZfL Heft 3/2015, S. 86-93) veröffentlicht.

aufgegeben wird, eigentlich meint.¹ »[D]er Umgang mit Art. 1 Abs. 1 GG zeichnet sich – gerade im Vergleich zur Interpretation anderer Bestimmungen des Grundrechtsteils des Grundgesetzes – durch auffällige Besonderheiten und Merkwürdigkeiten aus. Keine andere Bestimmung des Grundrechtsteils ist, was ihr Schutzgut angeht, so unbestimmt und vage geblieben. Die Verfassungstheorie und -dogmatik haben bislang keinen auch nur im Ansatz konsentierten Begriff der Menschenwürde entwickeln können. [...] Es ist eine einmalige Erscheinung der deutschen Grundrechtsdogmatik, dass das Schutzgut einer Staatsfundamentalnorm bzw. Grundrechtsnorm im Unbestimmten bleibt.«²

Andererseits ist nicht zu verkennen, dass die Gleichsetzung von Menschenwürde und Autonomie im Verfassungsdiskurs gegenwärtig dominiert. Paradigmatisch stehen dafür jene Autoren, die bei ihrer Deutung des ersten Grundgesetzartikels an die Programmschrift *De hominis dignitate* des wieder entdeckten Renaissancehumanisten Giovanni Pico della Mirandola anknüpfen, für den die Freiheit, über das eigene Schicksal zu entscheiden, die Würde des Menschen ausmacht.³ Diese Sichtweise erscheint unter dem Vorzeichen des Selbstbestimmungsparadigmas vielen als die dem modernen Menschen allein angemessene, ist dieser doch nicht länger bereit, schicksalsergeben anzunehmen und zu ertragen, was auf ihn zukommt, sondern will sein Leben selbstherrlich bestimmen, theologisch gewendet; nicht mehr Geschöpf, sondern selbst Schöpfer sein. Gegen die Gleichung

---

[1] Siehe dazu näher C. Goos, Innere Freiheit, 2011, S. 21 ff.
[2] M. Nettesheim, Die Garantie der Menschenwürde zwischen metaphysischer Überhöhung und bloßem Abwägungstopos, in: AöR 130 (2005) 71–113, insb. 78, 80.
[3] Zahlreiche Nachweise bei C. Goos, Innere Freiheit. Der grundgesetzliche Würdebegriff in seiner Bedeutung für die Begleitung Schwerkranker und Sterbender, in: N. Feinendegen/G. Höver/A. Schaeffer/K. Westerhorstmann (Hrsg.), Menschliche Würde und Spiritualität in der Begleitung am Lebensende. Impulse aus Theorie und Praxis, Würzburg 2014, S. 53, 68-70.

Menschenwürde = Autonomie erheben sich aber einige grundlegende verfassungsrechtliche Bedenken, die im Folgenden näher dargelegt werden sollen.

2. Verdopplung des Freiheitsschutzes?

Ein erstes Bedenken ergibt sich aus der Systematik des Grundrechtsabschnitts des Grundgesetzes. Art. 2 Abs. 1 GG – »Jeder hat das Recht auf freie Entfaltung der Persönlichkeit, soweit er nicht die Rechte anderer verletzt und nicht gegen die verfassungsmäßige Ordnung oder das Sittengesetz verstößt.« – garantiert in der – durch die Entstehungsgeschichte der Vorschrift bestätigten – Auslegung durch das Bundesverfassungsgericht in ständiger Rechtsprechung eine umfassende Verhaltensfreiheit. Als allgemeines Freiheitsrecht eröffnet Art. 2 Abs. 1 GG jedem Menschen die Möglichkeit der vollständigen Entfaltung der in ihm angelegten Fähigkeiten und Kräfte.[4] Es gibt daher kein Tun oder Unterlassen, das nicht von Art. 2 Abs. 1 GG erfasst wäre und damit prima facie grundrechtlichen Freiheitsschutz genießt.

Vor diesem Hintergrund erscheint die Annahme, dass Art. 1 Abs. 1 GG mit der Garantie der Menschenwürde gleichfalls Autonomie gewährleisten will, nicht sehr plausibel. Juristen pflegen die Anwendungsbereiche und Gewährleistungsgehalte einer in einem systematischen Zusammenhang stehenden Mehrzahl von Rechtssätzen in aller Regel so abzuschichten, dass überflüssige Doppelungen von Normaussagen ebenso vermieden werden wie Widersprüchlichkeiten in den Rechtsfolgen.

Die eigenständige und ganz bewusst den Freiheits- und Gleichheitsgrundrechten im Grundrechtsabschnitt vorange-

---

[4] Siehe nur U. Di Fabio, in: Maunz/Dürig, Grundgesetz, Kommentar, Art. 2 Abs. 1 (Stand: Juli 2001) Rn. 13: »Mit der freien Entfaltung der Persönlichkeit schützt Art. 2 Abs. 1 GG den praktischen Selbstentwurf des Menschen nach seinem Willen.«

stellte Garantie des Art. 1 Abs. 1 GG muss daher wohl etwas anderes im Sinn haben als Art. 2 Abs. 1 GG. Damit soll nicht in Abrede gestellt werden, dass es einen Zusammenhang zwischen Menschenwürde und Verhaltensfreiheit gibt, dass es einer rechtlichen Sicherung äußerer Freiheit bedarf, um ein Leben in Würde führen zu können, wie Art. 1 Abs. 2 GG mit seiner Überleitung von der Menschenwürde zu den Grundrechten (Art. 1 Abs. 3 GG) über das Bekenntnis zu unverletzlichen und unveräußerlichen Menschenrechten anerkennt und verdeutlicht. Aber die Menschenwürde als der »Grund der Grundrechte« ist mit diesen, auf ihr beruhenden Grundrechten deshalb nicht einfach inhaltsgleich.

»Selbstbestimmung ist weder Synonym noch ›Kern‹ der grundrechtlich geschützten Menschenwürde, sondern allenfalls einer ihrer Aspekte. Die freie, selbstbestimmte, tätige Entfaltung der Persönlichkeit, der souveräne Selbstentwurf und dessen prinzipiell ungehinderte Realisierung sind darum, um der Menschenwürde willen, grundrechtlich geschützt. Sie sind aber nicht Thema des ersten, sondern des zweiten Grundgesetzartikels, dessen erster Absatz vom Bundesverfassungsgericht in ständiger Rechtsprechung als allgemeine Handlungsfreiheit im umfassenden Sinne gedeutet wird.«[5]

Sähe man dies anders, würde sich auch ein Problem bei der Bestimmung der Grenzen dieser Rechtsgarantie ergeben. Der Schutz der allgemeinen Freiheit nach Art. 2 Abs. 1 GG steht unter dem Vorbehalt der Schrankentrias des zweiten Halbsatzes; die Freiheit zu tun und zu lassen, was man will, kann auf gesetzlicher Grundlage, um der Freiheit der anderen willen, aber auch aus Gemeinwohlgründen verhältnismäßige Einschränkungen erfahren; die Menschenwürde dagegen ist nach Art. 1 Abs. 1 GG unantastbar; ihre Achtung und ihr Schutz sind dem Staat unbedingt aufgegeben. Die Schrankendivergenz lässt sich nicht sinnvoll auflösen. Zwar ist es vorstellbar, den Freiheitsschutz durch die Menschenwürde-

---

[5] C. Goos, Innere Freiheit, a.a.O., S. 81 f.

garantie auf einen Kernbereich der Autonomie zu reduzieren, bei dem mangels gegenläufiger Freiheits- oder Gemeinwohlinteressen die individuelle Freiheit sich definitiv durchsetzt. Doch dafür bedürfte es keiner Hochzonung des Schutzniveaus; dasselbe Resultat würde sich auch bei angenommener Einschränkbarkeit nach Art. 2 Abs. 1 GG ergeben; denn Freiheitseinschränkungen sind danach nur zulässig, soweit sie zur Verfolgung legitimer Zwecke erforderlich sind.

Autonomie, d.h. die Willensentschließungs- und Betätigungsfreiheit wird folglich durch Art. 2 Abs. 1 GG geschützt. Art. 1 Abs. 1 GG wiederholt nicht einfach dieses Schutzversprechen, geschweige denn dass diese Bestimmung die Autonomiegewähr verabsolutieren will, indem sie die individuelle Selbstbestimmung für uneinschränkbar erklärt.

3. »Würde des Menschen« – Würde jedes Menschen

Es gibt einen weiteren Einwand gegen die Gleichsetzung von Menschenwürde und Selbstbestimmung, der noch schwerer wiegt. Wer Vernunftbegabung und Selbstbestimmungsfähigkeit als die entscheidenden Faktoren betrachtet, die die Menschenwürde konstituieren, kann nicht widerspruchsfrei Menschen als würdebegabt erfassen, die über die Eigenschaften noch nicht, nicht oder nicht mehr verfügen, verfolgt also ein Konzept, das, gewollt oder ungewollt, mit innerer Logik exkludiert.

Offen ausgesprochen wird dies selten. Insofern stellt Paul Tiedemann, für den »Menschenwürde [...] der Name für das Werturteil [ist], demzufolge dem Menschen [insofern] ein absoluter Wert zukommt, [...] als er sich selbst aus freiem Willen bestimmen kann«, eine Ausnahme dar.[6] Tiedemann schließt konsequent: Da nicht alle Menschen dazu in der Lage seien, komme Menschenwürde »auch nicht jedem Exemp-

---

[6] P. Tiedemann, Was ist Menschenwürde? Eine Einführung, 2006, S. 84, 85.

lar der menschlichen Gattung zu«.[7] Daraus folge allerdings nicht notwendig, dass mit solchen Menschen – etwa »Menschen, die mit Akephalie geboren werden, Menschen mit schwersten geistigen Behinderungen, die es ihnen nicht ermöglichen, auch nur rudimentär ein Ichgefühl zu entwickeln, oder Menschen, die objektiv unwiederbringlich ins Koma gefallen sind oder bei denen ein persistentes apallisches Syndrom (dauerhaftes Wachkoma) diagnostiziert werden muss«[8] – nach Belieben verfahren werden dürfe. Es sei vielmehr »durchaus möglich, dass andere ethische Prinzipien auf sie Anwendung« fänden, etwa »die Goldene Regel«.[9]

Einer solchen Sichtweise, der zufolge Würde nicht allen Menschen zugesprochen werden kann, sondern in ihrer Anwendbarkeit auf freiheits- und damit selbstverantwortungsfähige Personen beschränkt bleibt, widerspricht aber offensichtlich dem Schutzzweck der Vorschrift, die in Reaktion auf die Erfahrungen der nationalsozialistischen Gewalt- und Willkürherrschaft gerade einen rechtlichen Schutz davor bereit stellen wollte, dass einzelne Menschen oder ein Gruppe von Menschen noch einmal aus der Rechtsgemeinschaft heraus definiert werden konnten. Die Würde des Menschen, die Art. 1 Abs. 1 GG für unantastbar erklärt, ist die Würde ausnahmslos jedes Menschen. Ganz in diesem Sinne formuliert das BVerfG: »Menschenwürde ist nicht nur die individuelle Würde der jeweiligen Person, sondern die Würde des Menschen als Gattungswesen. Jeder besitzt sie, ohne Rücksicht auf seine Eigenschaften, seine Leistungen und seinen sozialen Status. Sie ist auch dem eigen, der aufgrund seines körperlichen oder geistigen Zustands nicht sinnhaft handeln kann.«[10] Das BVerfG spricht mithin explizit auch Menschen die Würde zu, die keine oder defizitäre Selbstbestimmungsfähigkeit aufweisen.

---

[7] Ebd., S. 85.
[8] Ebd., S. 117.
[9] Ebd., S. 118.
[10] BVerfGE 87, 209, 228; 115, 118, 152.

Die allen Menschen eigene, gleiche Würde kann daher unmöglich jene Freiheitsfähigkeit meinen, die einigen offensichtlich fehlt. Zwar wird geltend gemacht, dass die »Selbstachtung des vernunftbegabten Menschen« sich im »Respekt unter einsichtsfähigen Freien« und der »Achtung der Würde des hilflosen Gattungszugehörigen« gleichermaßen äußere.[11] »Gerade diese terminologische Unterscheidung aber – ›Respekt‹ unter einsichtsfähigen Freien einerseits, ›Achtung der Würde‹ hilfloser bzw. ›nicht zur Willensfreiheit fähig[er]‹ Gattungszugehöriger anderseits – wirft die Frage auf, ob es, wenn man die Würde des Menschen so deutet, nicht doch um zweierlei geht, um ›Freie‹ einerseits, denen Respekt gebührt, weil sie einsichtsfähig sind, und um ›Hilflose‹ andererseits, die einen Anspruch auf Achtung ihrer Würde haben, weil auch sie zur Gattung der potentiell Freiheitsfähigen gehören«.[12] Die Achtung, die dabei auch dem Mitglied der menschlichen Gattung noch zuteilwird, der die für sie eigentlichen konstitutiven Eigenschaften nicht aufweist, kann doch letztlich nur eine Schwundform jener Würde sein, die aus der Fähigkeit zu voller Willens- und Handlungsfreiheit resultiert. Sie erscheint eher als mitleidig-gönnerhafte Geste der im Vollbesitz menschlicher Fähigkeiten befindlichen ›haves‹ gegenüber den ›have nots‹, Brosamen, für die, die – je nach Art ihrer defizitären menschlichen Existenz – entweder so wie erstere immerhin hätte sein könnten oder gar so wie erstere einmal gewesen sind. Gleiche Würde ist etwas anderes.

Ist Art. 1 Abs. 1 GG aber Ausdruck eines anthropologischen Universalismus, dann muss die *conditio humana*, der diese Vorschrift durch ihr Schutzversprechen Rechnung tragen will, in etwas anderem liegen.

---

[11] U. Di Fabio, Das mirandolische Axiom. Gegebenes und Aufgegebenes, in: FS für Klaus Stern, 2012, S. 13–24, 20 f.
[12] C. Goos, Innere Freiheit, a.a.O., S. 69.

4. Die existentielle Gleichstellung aller Menschen als empfindsame, auf ihre Mitmenschen angewiesene leidensfähige, kurz: verletzliche Wesen

Zweifel daran, ob wirklich die menschlichen Fähigkeiten, seine Freiheitsbegabung, als würdebegründendes Moment zu begreifen sind, hatten Ernst Benda, den früheren Präsidenten des BVerfG, schon 1985 veranlasst, die Frage aufzuwerfen, »ob es – entgegen der bisherigen Annahme – wirklich der dem Menschen zugemessene, ihn von der unpersönlichen Natur abhebende Geist ist, seine Fähigkeit zu eigenverantwortlicher sittlicher Entscheidung, die seinen Wesen im Kern ausmachen, oder nicht vielmehr seine Unvollkommenheit und Unzulänglichkeit«.[13] Dieser in eine Frage gekleidete Ansatz ist mittlerweile vielfältig aufgenommen worden. So spricht Franz Josef Wetz treffend von »eine[r] existentielle[n] Gleichstellung aller Menschen als nackte, endliche, leidensfähige Wesen [...], die gedemütigt oder erniedrigt werden können«.[14] Was den Menschen zu einem besonders schützenswerten Wesen macht, sei seit jeher weniger seine metaphysische Würdigkeit als vielmehr seine psychische Bedürftigkeit. »In der Sprache der Theologie gesprochen, wäre demnach bei der Bestimmung der Würde weniger das Gewicht auf die Größe und Erhabenheit des Menschen zu legen als vielmehr auf dessen kreatürliche Bedürftigkeit, Not und Hinfälligkeit, wie sie besonders Kindheit, Krankheit und Alter sichtbar machen.«[15] Eine solche Deutung auch des verfassungsrechtlichen Begriffs der Würde erlaubte es, den mit der auf sie bezogenen Garantie verbundenen rechtlichen Schutz gerade jenen Menschen zukommen zu lassen, die seiner am

---

[13] E. Benda, Erprobung der Menschenwürde am Beispiel der Humangenetik, in: R. Flöhl (Hrsg,), Genforschung – Fluch oder Segen, 1985, S. 205-231, 230.
[14] F.J. Wetz, Illusion Menschenwürde. Aufstieg und Fall eines Grundwerts, 2005, S. 218.
[15] Ebd., S. 218 f.

meisten bedürfen. Ein solches Verständnis des Rechtsbegriffs der »Menschenwürde« bestünde folglich den sog. *Victim test*, weil es die verletzlichsten Mitglieder der Gesellschaft in den Würdeschutz einschließt.

Catherine Dupré hat in einem gleichgerichteten Sinne die in den Rechtswissenschaften dominierende autonomiebasierte und autonomielastige Deutung der Würde des Menschen kritisiert; sie werde der Komplexität der Lebenswirklichkeit und -erfahrung realer Menschen nicht gerecht, weil sie diese nur partiell abbilde. Ihr hoher Abstraktionsgrad möge zwar für die philosophische Reflexion anregend sein, mache sie jedoch für einen praktisch umsetzbaren Menschenrechtsschutz ungeeignet: »The highly autonomous subject of rights born with dignity, who goes through his theoretical life, apparently effortlessly asserting his political preferences and living a private family life, does not exist in reality. Real lives are complex and messy, people are not at all born in dignity.« Krankheit und Sterben etwa seien keine Abstraktionen, und nur wenige Menschen erlebten ihr Sterben als autonom. Es gelte daher, autonomie-fokussierte Sichtweisen zu überwinden und zu einem ganzheitlich-umfassenden Verständnis der Würde des Menschen zu gelangen, das der Tiefe und Komplexität menschlicher Emotionen und Bedürfnisse gerecht werde. Ihr Verständnis sei daher in zwei »Richtungen« zu öffnen – nach »innen«, zur mentalen und emotionalen »Innenwelt« der Person, und nach »außen«, hin zu ihrer relationalen Identität und ihren sozialen Bezügen.[16]

Diese Einsichten sind alles andere als neu, aber in einer auf die geistige Dimension des Menschen und seinen Freiheitswillen fixierten und zugleich begrenzten Sichtweise eine Zeit lang aus dem Blick geraten. Schon Pufendorf und Grotius hatten die Hilflosigkeit des Menschen – *imbellicitas* – und seinen Geselligkeitstrieb – *appetitus societatis* – als die

---

[16] C. Dupré, Unlocking human dignity. Towards a theory for the 21st century, in: European Human Rights Law Review Bd. 2, 2009, 190-205, 193 f.

menschlichen Grundbefindlichkeiten identifiziert und darauf ihre Naturrechtslehren aufgebaut[17], Arnold Gehlen den Menschen in einer allerdings zu Missverständnissen Anlass gebenden Weise geradezu als »Mängelwesen« charakterisiert.[18]

Die innere Befindlichkeit des Menschen wird nicht nur durch seinen freien Willen und Verstand, sondern mindestens ebenso sehr durch seine Gefühle bestimmt, die eine identitätsprägende Bedeutung erlangen können. Statt »cogito ergo sum« könnte mit gleicher, wahrscheinlich noch größerer Berechtigung »sentio ergo sum« gesagt werden.[19] Diese innere Befindlichkeit ist für den Menschen nicht weniger wichtig als seine äußere Hülle, aber in hohem Maße verletzlich. Identität und Integrität des einzelnen Menschen sind stets gefährdet. Jeder Mensch kann jederzeit, etwa durch Unfall oder Krankheit, in eine Situation existentieller Angewiesenheit auf andere geraten, aber auch dadurch, dass sich der Staat seiner bemächtigt, physisch wie psychisch. »Menschliche Identität«, so formuliert es Clemens Sedmak, ist fragil, Quellen innerer Kraft sind anfällig, Interiorität ist zerbrechlich – und diese Fragilität, Anfälligkeit und Zerbrechlichkeit ergeben sich aus der Einheit, die ›innere‹ (mentale, psychische, spirituelle) und äußere (materielle, relationale, strukturelle) Dimensionen des Menschseins bilden.«[20] Die Einsicht, dass der Mensch in sozialen Bezügen sein Menschsein erfährt und nur so voll entwickeln kann, hat Dieter Suhr schon vor Jahrzehnten auf den Begriff der »Entfaltung des Menschen durch den Menschen« gebracht.[21]

---

[17] F.J. Wetz, Illusion Menschenwürde, S. 219.
[18] A. Gehlen, Der Mensch. Seine Natur und seine Stellung in der Welt, [1]1940; [15]2009.
[19] Siehe dazu D. Hell, Seelenhunger. Der fühlende Mensch und die Wissenschaft vom Leben, [2]2003; A.R. Damasio, Ich fühle, also bin ich. Die Entschlüsselung des Bewusstseins, [7]2007.
[20] C. Sedmak, Innerlichkeit und Kraft. Studie über epistemische Resilienz, 2013, S. 69.
[21] Zur Grundrechtsdogmatik der Persönlichkeitsentfaltung, der Ausübungsgemeinschaften und des Eigentums, 1976.

5. Die Entscheidung des Parlamentarischen Rates für ein ganzheitliches Verständnis des Menschen und seiner Würde

Im Grundsatzausschuss des Parlamentarischen Rates bestand Einigkeit darüber, dass mit der aufzunehmenden Würdegarantie Bedrohungen für die menschliche Existenz und ihre Entfaltung abgewehrt werden sollten, wie sich in der NS-Zeit realisiert hatten.[22] Man unterschied zwischen der dem Menschen immanenten Würde und den vom Staat zu gewährleistenden Rahmenbedingungen für ein Leben in Würde und verständigte sich darauf, von der »Würde des Menschen« zu sprechen, weil dieser Begriff »klarer, präziser, akzentuierter, schärfer, besser« sei als die ebenfalls vorgeschlagenen Redeweisen von der »Würde des menschlichen Wesens«, der »Würde des menschlichen Lebens« oder des »menschlichen Daseins«; denn , so Helene Weber: »Dieser Begriff umfasst alles und hebt weder das rein Biologische noch das rein Geistige hervor. Kurz, er ist erschöpfend.«

Es ist also kein Zufall, dass Art. 1 Abs. 1 GG von der »Würde des Menschen«, und nicht der »Würde der menschlichen Persönlichkeit« spricht, wie dies Art. 100 der Bayerischen Verfassung von 1946 tat (»Die Würde der menschlichen Persönlichkeit ist in Gesetzgebung, Verwaltung und Rechtspflege zu achten.«). Die darin enthaltene einseitige Betonung der geistigen Dimension – der Bayerische Verfassungsgerichtshof definierte dementsprechend die »Würde der menschlichen Persönlichkeit« als der innere und zugleich soziale Wert- und Achtungsanspruch, der dem Menschen als Träger höchster geistig sittlicher Werte zukomme[23] – wurde von den Vätern und Müttern des Grundgesetzes bewusst vermieden.

---

[22] Siehe zum Folgenden eingehend C. Goos, Innere Freiheit, 2011, S. 75 ff.; ders., »Innere Freiheit«, a.a.O., S. 73 ff.
[23] BayVerfGHE 1, 29, 32; 4, 51, 57; 8, 1, 5.

In Übereinstimmung damit hat sich das BVerfG dem Grundgesetz ein Menschenbild entnommen, das »nicht das eines isolierten souveränen Individuums ist«, vielmehr von der Gemeinschaftsbezogenheit und -gebundenheit der Person ausgeht, ohne dabei deren Eigenwert anzutasten.[24] Worin aber besteht dieser Eigenwert? In der zweiten Schwangerschaftsabbruchsentscheidung von 1993 hat das BVerfG auch dem ungeborenen menschlichen Leben Würde zugesprochen – und diese Würde an die schiere Existenz geknüpft: »Wo menschliches Leben existiert, kommt ihm Menschenwürde zu (vgl. BVerfGE 39, 1 [41]). Diese Würde des Menschseins liegt *auch* für das ungeborene Leben im Dasein um seiner selbst willen (Hervorhebung von C.H.).«[25]

Dieses »auch« ist bisher nicht hinreichend beachtet worden. Es bedeutet nicht weniger, als dass das BVerfG generell die zu achtende und zu schützende Würde des Menschen »im Dasein um seiner selbst willen« erblickt. Zutreffend formuliert Pestalozza: »Unser menschliches Dasein ist ein Wert an sich, ohne Rücksicht auf unser So-Sein. Es gibt, was die Würde anlangt, keinen Mehrwert, keinen Minderwert, keinen Unwert. Jeder gilt, wenn er da ist, gleich viel.«[26] Oder mit den Worten des BVerfG: »Jedes menschliche Leben ist als solches gleich wertvoll.«[27]

Wenn dem aber so ist, dann ist für in ihren Voraussetzungen anspruchsvolle Würdeverständnisse wie reinen Autonomiekonzeptionen (Pico della Mirandola) verfassungsrechtlich kein Platz. Das Würdeverständnis des BVerfG nimmt den Menschen so, wie er ist, eben häufig schwach, in puncto Selbstbestimmung defizitär, weniger denkend als fühlend. Deshalb scheint für das BVerfG auch weniger Freiheitsschutz als vielmehr geistiger wie körperlicher Integritäts-

---

[24] BVerfGE 4, 7, 15 f.
[25] BVerfGE 88, 203, 252.
[26] C. Pestalozza, in: Nawiasky/Schweiger/Knöpfle, Bayerische Verfassung, Loseblattkommentar, ²1963 ff., Art. 100 Rn. 6.
[27] BVerfGE 115, 118, 139 unter Berufung auf BVerfGE 39, 1, 59.

schutz vorrangiges Thema der Menschenwürde zu sein. Es geht ihm um das Wohl und Wehe jedes einzelnen Menschen. Unsere innere Befindlichkeit lässt sich von unserer leiblichen Existenz nicht ablösen. Sie bilden vielmehr eine untrennbare Einheit, führen eine symbiotische Existenz. Offensichtlich beruht die menschliche Identität wie ihre besondere Verletzlichkeit auf der *Einheit* von *Leib* und *Seele. Die körperliche Existenz – das »Leben« im Sinne des Art. 2 Abs. 2 S. 1 GG – bildet die vitale Basis der Menschenwürde – und verdient eben deshalb besonderen Schutz.* Dies gilt aber auch für die anderen, die inneren »Dimensionen des Menschseins, die insbesondere Schwerkranke und Sterbende als zentral und zugleich als höchst fragil erfahren: das Mentale, das Psychische und das Spirituelle.«[28] Statt einer Fokussierung auf die Autonomie, die in den Grenzsituationen menschlichen Lebens in ihren tatsächlichen Realisierungsbedingungen zumeist prekär ist, brauchen wir ein inklusives, realistischeres und ganzheitliches Verständnis menschlicher Würde. Anders formuliert: »As human beings, we all are embodied selves. The fact that we are embodied selves, unique in space and time, constitutes our dignity. As we are embodied selves, dependence, vulnerability and limitations, change, loss and death, messiness, helplessness and uncertainties are no exceptions. They are integral parts of human life. And as they are integral parts of human life, it is essential to integrate them into a contemporary understanding of human dignity as a legal concept.«[29]

---

[28] C. Goos, »Innere Freiheit«, a.a.O., S. 82.
[29] C. Goos, Grandma's Dignity: Technology and the ›Elderly‹, in: D. Grimm/C. Möllers/A. Kemmerer (Hrsg.), Human Dignity in Context, 2015.

6. Menschenwürde und Sterben

Was bedeutet all dies nun für die Frage nach einem menschenwürdigen Sterben und die Behandlung eines ernsthaften Todeswunsches eines sterbenskranken Menschen? Zunächst einmal nur, dass sie nicht kurzerhand unter Berufung auf das Selbstbestimmungsprinzip im Sinne eines absoluten Rechts auf den eigenen, selbstbestimmten Tod beantworten lässt. Die Problematik eines menschenwürdigen Sterbens kann und darf nicht auf ein Recht verkürzt werden, den Zeitpunkt und die Modalität des eigenen Todes selbst zu bestimmen. Dies gilt umso mehr, als die Freiheitlichkeit des Todeswunsches unter den als »unwürdig« empfundenen Lebensumständen nicht selten mehr als fraglich ist, der Todeswunsch häufig Ausdruck von Angst, Verzweiflung oder gar einer Depression ist. Auch wenn diese Krankheit die Betroffenen noch nicht ihrer Freiheitsfähigkeit verlustig gehen lässt, so ist ihre Freiheit doch nicht unerheblich eingeschränkt.[30] Dies rechtfertigt dem Grunde nach auch diesem Umstand Rechnung tragende fürsorgerische Eingriffe zum Schutz des Kranken vor sich selbst.[31] Kein Zweifel: Ein verzweifelter, ein depressiv gestimmter Selbstmordkandidat will seinen Tod, weil er ein Weiterleben für sinn- und wertlos hält, »fest davon überzeugt ist, dass alle anderen Handlungsmöglichkeiten für ihn noch unerträglicher wären als die Beendigung seines Lebens«.[32] Gleichwohl dürfte auch bei ihm nicht nur eine staatliche Eingriffsermächtigung gegeben sein, sondern der Staat zum Schutz durch Hilfegewährung auch

---

[30] A.W. Bauer, Todes Helfer, in: Landt/Bauer/Schneider, Sterbehilfe, 2013, S. 145: »Die Depression schränkt die Wahl- und Handlungsmöglichkeiten stark ein.«

[31] So wegen der Vulnerabilität und psychischen Labilität auch dieser Suizidenten M. Feldmann, GA 2012, 498, 514.

[32] So A.W. Bauer, a.a.O., S. 159, der es jedoch ablehnt, eine in dieser Überzeugung getroffene Entscheidung »für den an sich selbst beziehungsweise mit Hilfe Dritter vollzogenen Tod« als »frei« anzuerkennen.

verpflichtet sein. Da die Entscheidung zur Selbsttötung als Verzweiflungstat in einer Situation vermeintlicher Ausweg- und Alternativlosigkeit getroffen worden ist, muss der Staat in Erfüllung der ihn aus Gründen seiner Verpflichtung auf Achtung und Schutz der Menschenwürde für jedes einzelne menschliche Leben treffenden Schutzpflicht[33] Schutzmaßnahmen mit dem Ziel ergreifen, der psychischen Notlage, in der sich der zur Selbsttötung Entschlossene befindet, abzuhelfen. Nur die Verhinderung der Selbsttötung eröffnet die Chance, die dem Selbsttötungswunsch zugrundeliegende Depression zu behandeln und bei dem verhinderten Selbstmörder wieder Lebensmut zu wecken.[34]

Der Schutz des menschlichen Lebens obliegt dabei dem Staat, wie Udo Di Fabio ausgeführt hat, »immer aus einem doppelten Grunde, zuvörderst wegen des in Not befindlichen Menschen, aber auch immer objektivrechtlich: Er muss mit dem Eintreten für das Leben und gegen alle Emanationen der Lebensmüdigkeit immer auch eines der höchsten Rechtsgüter der Verfassung sichtbar machen. […] Einer dem Leben zugewandten freiheitlichen Gesellschaft kann nicht gleichgültig bleiben, wenn Menschen in Verzweiflung oder Verwirrtheit das eigene Leben und die eigene Gesundheit missachten, sich selbst aufgeben und dabei für andere falsche Signale setzen. Das Grundrecht auf Leben ist auch eine Wertentscheidung für das Leben, für eine lebenbejahende Gesellschaft, die hier entschieden Position bezieht.«[35]

Wodurch die »Würde des Menschen« am Lebensende möglicherweise »angetastet« wird, wie sie in dieser Situation »geachtet« werden kann, wovor sie »geschützt« werden muss und wie dies zu geschehen hat, bedarf einer näheren,

---

[33] BVerfGE 88, 203, 251.
[34] Allerdings mag es auch therapieresistente Formen der Depression geben.
[35] U. Di Fabio, in: Maunz-Dürig, Grundgesetz, Kommentar, Art. 2 Abs. 2 (Stand: Februar 2004) Rn. 48.

die äußere wie innere Verletzlichkeit des Menschen gleichermaßen in den Blick nehmenden Betrachtung.

Die Würde des Menschen darf weder in einseitiger Betonung des Autonomiegedankens mit schrankenloser Selbstbestimmung über die Beendigung des eigenen Lebens gleichgesetzt werden noch umgekehrt – ohne Rücksicht auf den konkreten Menschen, um dessen Sterben es geht – rein »objektiv« im Sinne unbedingter Lebenserhaltung bestimmt werden. »Auch dort, wo Psyche und Körper eines Menschen in einem solchen Maße ›zerrüttet‹ sind, dass Kommunikation kaum mehr gelingt und Innerlichkeit nur noch zu erahnen ist, weil Bewegungen spärlicher werden, die Mimik starrer, das Mitteilungsbedürfnis schwindet, ist nur der ›Zugang‹ zur Würde dieses Menschen ›verschüttet‹ – nicht jedoch die Würde selbst. Selbstbestimmung in einem anspruchsvollen Sinne und auch die Selbstkontrolle über Körper und Verstand mögen am Lebensende schwinden und im Sterben an ihr Ende kommen, die Würde nicht. Auch die Empfindungs- und Erlebnisfähigkeit Schwerkranker und Sterbender, am Lebensende mitunter nur noch rudimentär und in ihrer grundlegendsten Form vorhanden, ist als Würde dieser Menschen zu achten und zu schützen.«[36]

In erster Linie muss es darum gehen, das physische wie psychische Leiden Sterbenskranker durch Sterbebegleitung so zu minimieren, dass es nicht mehr als schlechthin unerträglich empfunden wird, wodurch in aller Regel allererst der Gedanke an Selbsttötung aufkommt. Für eine Schmerzlinderung, die nur eine der Aspekte ist, darf, wie der BGH zutreffend entschieden hat[37], unter Umständen auch eine dafür unvermeidliche Lebensverkürzung in Kauf genommen werden.

Grundsätzlich muss daran festgehalten werden, dass aus verfassungsrechtlicher Sicht auch das scheinbar kümmerliche oder jämmerliche (»Rest«-)Leben eines Sterbenden einen Eigenwert hat, weder der Staat noch ein Dritter dem Da- und

---

[36] C. Goos, »Innere Freiheit«, a.a.O., S. 82 f.
[37] BGHSt 42, 301, 305; 46, 279, 285.

Sosein eines schwerstkranken, dem Tode geweihten Menschen seinen Eigenwert absprechen darf.

»Die Würde des Menschen ist unantastbar« heißt daher, dass das Leben eines Menschen nicht rechtmäßig mit der Begründung ausgelöscht werden darf, es sei nicht mehr wert, gelebt zu werden. Der Lebensmüde bringt durch seine Entscheidung für den Tod zum Ausdruck: Mein Leben ist es *für mich* nicht mehr wert, weiter gelebt zu werden. Der Dritte, der sich auf seine Bitte hin frei verantwortlich für die Ausführung entscheidet und damit die Letztverantwortung für das Geschehen übernimmt[38], übernimmt auch diese Einschätzung als *externe*: Für diesen Menschen ist es besser, getötet zu werden als weiterzuleben. Sein Leben ist nicht mehr lebenswert.[39] Eine Rechtsordnung aber, die auf der unantastbaren Würde des Menschen, jedes Menschen gründet, die jedem Menschen Wert und Würde zuschreibt, kann die handlungsleitende externe Bewertung eines menschlichen Lebens als »lebensunwert«, »nicht mehr lebenswert« unter keinen Umständen akzeptieren. »Die Menschenwürde verlangt, dass dem Leben eines Menschen in jeder Situation ein positiver Wert zuerkannt wird; dies gilt auch für Menschen, denen ein schweres Leiden bevorsteht, deren Leben voraussichtlich nur mehr kurz dauern wird und/oder die im jeweiligen Augenblick ihren eigenen Tod wünschen.«[40]

Das schließt grundsätzlich nicht nur die Zulässigkeit einer Tötung auf Verlangen aus, bei der der Dritte, der den

---

[38] R. Ingelfinger, Grundlagen und Grenzbereiche des Tötungsverbot, 2004, S. 225 unter Hinweis auf C. Roxin, Täterschaft und Tatherrschaft, ⁷2000, S. 569.

[39] Auf die Beweggründe für den Todeswunsch (zu diesem Aspekt R. Ingelfinger, Grundlagen und Grenzbereiche des Tötungsverbots, 2004, S. 228) kommt es strenggenommen gar nicht an. Der Wert, den Art. 1 Abs. 1 S. 1 GG jedem lebenden (!) Menschen zuschreibt, ist schlechterdings unantastbar.

[40] K. Schmoller, Lebensschutz bis zum Ende? Strafrechtliche Reflexionen zur internationalen Euthanasiediskussion, ÖJZ 55 (2000) 361 (368).

Todeswunsch des Getöteten in die Tat umsetzt, das tödliche Geschehen beherrscht, sondern auch die der Selbsttötung mit Hilfe eines Dritten, bei der die Tatherrschaft beim Suizidenten liegt. Denn auch der Gehilfe wirkt an der Zerstörung des Lebens eines – aus seiner Sicht – anderen mit.[41] Sein Tatbeitrag fällt zwar geringer aus. Er vollstreckt nicht den Todeswunsch des Lebensmüden eigenhändig, sondern trägt zu dessen Realisierung durch diesen selbst lediglich bei. Diese unterschiedliche Form der Tatbeteiligung bewirkt im Hinblick auf den Lebensschutz in verfassungsrechtlicher Perspektive aber lediglich einen graduellen, keinen kategorialen Unterschied. Auch der Gehilfe macht sich die Wertung des Lebensmüden, sein Leben sei nicht mehr wert, weiter gelebt zu werden, zu eigen; darin aber liegt eine vom Staat in Erfüllung seiner Schutzpflicht abzuwehrende Missachtung des in der Menschenwürde gründenden Eigenwerts jedes menschlichen Lebens. Der darin zum Ausdruck kommenden Fremdeinschätzung, das Leben eines anderen sei nicht mehr lebenswert, muss der Staat auch dann entgegentreten, wenn sie nicht durch Tötung auf Verlangen, sondern mittels einer Hilfeleistung zur Selbsttötung in die Tat umgesetzt werden soll. Ob es zu dem einen oder anderen Szenario kommt, hängt im Übrigen häufig allein davon ab, ob derjenige, der aus dem Leben scheiden will, noch physisch in der Lage ist, diesen Entschluss, und sei es mit Hilfe Dritter, selbst zu verwirklichen oder sich in die Hand eines Dritten begeben muss, um seinem Leben wunschgemäß ein Ende zu setzen.

Dieses Verbot der Tötung auf Verlangen oder der Beihilfe zum Suizid aus Gründen der Unantastbarkeit der Menschen-

---

[41] Siehe dazu unter Berufung auf ein Positionspapier der CDL (ZfL 2012, 47, 51) A.W. Bauer, a.a.O., S. 133 m. Fn. 30: »Anders als bei anderen Tatbeständen, bei denen Gehilfe und Täter sich gegen dasselbe Rechtsgut wenden, unterscheidet sich beim Suizid das bedrohte Rechtsgut für Täter und Gehilfen grundsätzlich: Der Suizident zerstört sein eigenes Leben, der Gehilfe das Leben eines anderen.«

würde beansprucht grundsätzlich auch dann Geltung, wenn an der Freiwilligkeit und Ernsthaftigkeit des Todeswunsches des Lebensmüden kein Zweifel besteht und dieses Verbot für den Betroffenen, der zur Selbsttötung außerstande ist, im Ergebnis eine Pflicht zum Weiterleben bedeutet, die ihm die Verfassung grundsätzlich nicht auferlegt.[42]

Was aber gilt, wenn die Palliativmedizin an ihre Grenzen stößt, auch durch palliative Sedierung schwerste Leiden Sterbender nicht ausreichend gelindert werden kann, wie dies nach Einschätzung von Medizinern bei einem einstelligen Prozentanteil aller Sterbenden der Fall sein soll? Die Annahme einer uneingeschränkten (strafbewehrten) staatlichen Pflicht zur Verhinderung der Selbsttötung (mit Hilfe Dritter) auch in einer solchen Konstellation könnte auf einen Zwang zu einem vom Betroffenen selbst so empfundenen »Qualtod« (Peter Hintze) hinauslaufen und damit gegen das strikte Verbot der Antastung der Würde Schwerkranker und Sterbender verstoßen.[43] Die Frage soll hier offen bleiben. Jedenfalls wäre es auch in einem solchen Extremfall nicht einfach die Achtung gegenüber der im Todeswunsch zum Ausdruck kommenden Selbstbestimmung, die zu einem anderen Beurteilung dieses Falls zwingt, sondern allein das individuelle, nicht mehr auf ein erträgliches Maß zu reduzierende Leiden eines Menschen, das eventuell die staatliche Hinnahme des Vollzugs des Todeswunsches um der Achtung der Menschenwürde willen gebietet.

---

[42] Das BVerfG hat in BVerfGE 76, 248, 252, weil nicht entscheidungserheblich, offengelassen, ob es einen »verfassungsrechtlich verbürgten Anspruch auf aktive Sterbehilfe durch Dritte« geben kann.
[43] Siehe dazu auch U. Di Fabio, in: Maunz/Dürig, Grundgesetz, Kommentar, (Stand: Juli 2014) Art. 2 Abs. 2 Rn. 47: »Grenzen werden nur dort sichtbar, wo die grundsätzlich zulässige aufgedrängte Lebenserhaltung den Betroffenen Menschen zu einem bloßen Objekt herabwürdigt und ihn in seiner Subjektstellung als frei verantwortlich Handelnden missachtet. Hier sind Grenzfälle denkbar, wo die Gemeinschaft jedenfalls nicht mit Zwangsmitteln der Selbsttötung entgegentreten darf.«

Daran wird noch einmal deutlich, »dass mit Art. 1 Abs. 1 GG nicht eine abstrakte Würde der Menschheit, sondern die Würde des konkreten Menschen geschützt werden sollte«.[44] Deshalb verbietet es Art. 1 Abs. 1 Satz 1 GG, Menschen einer Situation auszusetzen, die ihre individuelle Adaptionsfähigkeit übersteigt.[45] Die Würde auch des sterbenden Menschen zu achten, bedeutet, seine konkrete Lebenssituation in der letzten Phase seines Lebens mit den noch vorhandenen Entfaltungs- und Artikulationsmöglichkeiten wie ihren Beschränkungen wahrzunehmen, dem Sterbenden dabei zu helfen, die eigenen Unzulänglichkeiten und Steuerungsverluste wie auch das bevorstehende Sterben als solches innerlich zu akzeptieren und durchzustehen, dabei Leiden soweit möglich abzumildern. Ein Würdeverständnis, das den Selbstentwurf des Menschen nach seinem Willen in den Mittelpunkt rückt, erschwert genau dies.

Die Selbstbestimmungsfähigkeit des Menschen ist, auch bei bester Gesundheit, an seinem Lebensanfang noch nicht vorhanden, sie entwickelt sich erst allmählich, und sie nimmt im Alter langsam aber sicher wieder ab. Der Mensch ist daher am Anfang wie am Ende seines Lebens auf fürsorgliche Hilfe zur Selbstentfaltung angewiesen. Wer zu sehr auf Selbstbestimmung als vermeintlichem Kern des Menschseins fixiert ist, blendet andere Aspekte des Humanen aus und vermag damit den Wert und die Würde, die Art. 1 Abs. 1 GG jedem Menschen, also auch dem selbstbestimmungsunfähigen, bedingungslos zuspricht, nicht zu erkennen und anzuerkennen. Damit aber wird die Schutzfunktion der Menschenwürdegarantie verfehlt.

---

[44] C. Goos, »Innere Freiheit«, 2011, S. 180.
[45] C. Goos, »Innere Freiheit«, a.a.O., S. 85; ders., »Innere Freiheit«, 2011, S. 178-180.

Giovanni Maio

Der assistierte Suizid als ethische Resignation der Medizin[1]

Man glaubt heute, dass man einen Arzt, der sich der Lebenshilfe verschreibt und eine Mitwirkung an einer Tötungshandlung ablehnt nicht mehr bräuchte, weil sich die Arztrolle ja verändert habe. Wenn man aber versucht, die Ermöglichung des Sterbens mit der Erlaubnis zur Tötungshandlung gleichzusetzen, wie dies landläufig geschieht, dann übersieht man vollkommen, dass die Mitwirkung an einer Tötungshandlung von einer ganz neuen »Qualität« ist, die man sehr kritisch reflektieren muss. Denn die Verwischung der Grenze zwischen Sterbenlassen und Tötung ist der Einstieg in eine Gesellschaft, die unter dem Deckmantel der Freiheit sich de facto von der unhintergehbaren Verpflichtung verabschiedet, sich in einer Unabdingbarkeit gegen die Ausweglosigkeit der Patienten zu engagieren. Wer für den assistierten Suizid als Regelleistung ist, entscheidet sich lieber dafür, den leidenden Menschen selbst abzuschaffen, anstatt die Gründe für den Verlust des Lebenswillens aus der Welt zu schaffen. Dass wir in einer Ära leben, in der diese verkappte Form der Entsolidarisierung von den verzweifelten Menschen zur humanen Wohltat deklariert wird, hat viele Gründe, die es kritisch zu beleuchten gilt.

Wir leben heute in einer Zeit, in der wir glauben, dass das Weiterlebenwollen gar nicht mehr so selbstverständlich zu

---

[1] Der Beitrag ist eine in weiten Teilen überarbeitete Version eines Kapitels aus dem Buch Giovanni Maio, Den kranken Menschen verstehen – für eine Medizin der Zuwendung, Herder-Verlag, Freiburg i. Br./Basel/Wien 2015.

sein braucht und es letztlich jedem selbst überlassen werden muss, ob er weiterleben möchte oder nicht. Das Weiterleben ist zur Option geworden, die wir frei zu wählen haben und in die sich kein anderer einmischen darf, also eine Gesellschaft von Einzelwesen, die je für sich leben und je für sich sterben sollen. Stillschweigend haben wir uns von der Vorstellung, in einer Gemeinschaft zu leben, verabschiedet und glauben, dass alle Probleme, selbst die existentiellsten Probleme des modernden Menschen allein mit seiner privaten Überzeugung zu tun haben und nichts mit der Gesellschaft, in der lebt. Dass eben das, was der Einzelne will, das, was er in Freiheit entscheidet, letzten Endes in Verbindung damit steht, in welcher Gemeinschaft er lebt, wird kaum noch bedacht. Mehr noch: Dass der Einzelne ohne die Gemeinschaft überhaupt nicht befähigt worden wäre, zu entscheiden, ja ohne sie überhaupt nicht sein könnte, wird als Gedanke immer weiter verdrängt.

Und so ist es auch beim Suizid. Man fragt, ob denn der Einzelne wohlüberlegt gehandelt habe. Mit dieser Frage rationalisieren wir den Suizid, machen ihn zu einer Klugheitswahl, zum Ergebnis eines kalkulatorischen Aufrechnens, als wäre das Leben eine Aktie, deren Wert wir jeden Tag neu prüfen, um zu entscheiden, ob wir sie noch halten wollen oder doch lieber abstoßen, bevor sie noch weiter an Wert verliert. Jeder soll jeden Tag sein »Biokapital« neu berechnen und ganz autonom entscheiden, ob er weiterleben möchte oder nicht. Das Leben also als Bilanzierung und als Entschluss, das Ergebnis am Ende abzuwägen und je nach Ausschlag für oder gegen das Weiterleben zu optieren. Das ist eine ökonomistische Denkweise, die heute in jeder Hinsicht salonfähig geworden ist. Dass aber hinter dem Entschluss, nicht weiterleben zu wollen, eine tiefe Tragik steckt, wird hinter diesen Tendenzen zu einer restlosen Plausibilisierung des Suizids vollkommen ausgeblendet.

Der Fokus der Debatten sollte viel stärker auf der Not des einzelnen Menschen liegen, der es überhaupt in Erwägung zieht, sich selbst zu töten. Daher spreche ich von Tragik. Diese Tragik beginnt schon lange, bevor jemand den Gedanken an Suizid überhaupt zulässt. Sie beginnt bereits dort, wo in unserem Bewusstsein die Vorstellung reift, unser Leben sei nur so lange lebenswert, wie wir ohne die Hilfe anderer auf uns gestellt alles alleine machen können. Sie beginnt schon dort, wo wir in den starken Jahren das Schwinden der Kräfte, das mögliche Krankwerden, das Alt- und Gebrechlichwerden als Schwundstufen des Menschseins betrachten und darin Prototypen des Autonomieverlustes zu erkennen meinen. Und weil wir glauben, Autonomie bestünde darin, alles ohne die Hilfe Dritter machen zu können, fixieren wir uns darauf, nur so lange leben zu wollen, wie wir autonom sind – autonom im Sinne einer absoluten Unabhängigkeit von anderen. Die Tragik, die in diesem Gedanken mitschwingt, liegt in der grundsätzlichen Nicht-Einlösbarkeit dieses Anspruchs.

1. Autonomie als kreativer Umgang mit der Angewiesenheit

Wir leben in einer Zeit, in der wir sagen, jeder solle doch ganz für sich entscheiden dürfen, ob er weiterleben möchte oder nicht. Wir haben eine so einseitige Vorstellung von Autonomie, dass wir glauben, autonom könne nur der sein, der gänzlich ohne die Hilfe anderer auskommt. In diesem Verständnis nehmen wir unweigerlich eine Abwertung allen verzichtvollen Lebens vor, eine Ablehnung jeder Form von Leben, das auf die Hilfe Dritter angewiesen ist. Dass wir aber selbst das ganze Leben hindurch Angewiesene sind, wird dabei nicht mehr reflektiert. An seine Stelle tritt die Illusion einer Kontrolle über das Leben bis in den Tod.

Grundlage dafür ist die Vorstellung, auf andere angewiesen zu sein wäre das Gleiche, wie seine Autonomie zu verlieren. Diese Gleichsetzung ist in dieser apodiktischen Form nicht haltbar. Jeder, der genauer darüber nachdenkt, wird anerkennen müssen, dass Autonomie nicht heißen kann, ohne Hilfe Dritter alles machen zu können. Denn dann wäre ja kein einziger Mensch wirklich autonom. Vielmehr besteht

Autonomie doch gerade darin, mit den unvermeidbaren Verhältnissen der Angewiesenheit so umzugehen, dass man *durch sie hindurch* man selbst sein kann. Es geht darum, einen kreativen Umgang damit zu erlernen, tagtäglich und in unzähligen Formen auf andere angewiesen zu sein. Seine Angewiesenheit zu leugnen stellt daher im Grunde eine Selbsttäuschung dar: Ohne andere Menschen könnten wir gar nichts realisieren. Wir sind immer schon Angewiesene – es verändert sich zum Alter hin nur der Grad der Angewiesenheit. Und diese Verbindung von Autonomie und Angewiesenheit gilt es zu stärken, um einen Menschen vor der Verzweiflung zu bewahren.

Im Alter wird die Abhängigkeit von der Hilfe anderer Menschen zum Normalzustand. Wir müssen einen akzeptierenden Umgang damit finden, anstatt der Idee einer restlosen Unabhängigkeit hinterherzulaufen. Das in den Medien oft gepriesene Ideal eines Lebens, das durch und durch von Selbstbestimmung geprägt ist, gilt es zu relativieren und stattdessen auf die Ressourcen des Menschen in seiner unhintergehbaren Angewiesenheit zu verweisen. Wir können frei sein *in* Abhängigkeit, denn echte Sorge ist nicht bevormundend, sondern setzt bei der Unverwechselbarkeit des Menschen an und versucht, ihn in seiner Einzigartigkeit hervorzukehren und ihm Schritt für Schritt zu ermöglichen, sich in seiner ihm eigenen Art zum Ausdruck zu bringen. Angewiesen zu sein bedeutet nicht das Ende der Autonomie, sondern ist die Bedingung dafür, dass man überhaupt leben kann. Solange dies jedoch als Kränkung des Menschseins verstanden wird, erscheint der Suizid in einer Situation des existenziellen Angewiesenseins als logische Schlussfolgerung. Das Problem ist aber nicht das Angewiesensein selbst, sondern die gesellschaftlich vermittelte Vorstellung, der Mensch könne nur in Souveränität und Unabhängigkeit wirklich er selbst sein.

Die Angst der Menschen vor dem Kontrollverlust ist heute in einem besonderen Maße lebendig und für viele quälend. Aus Angst, am Ende ihres Lebens nur noch an Apparate angeschlossen zu sein, aus Angst vor diesem absoluten Kontrollverlust und Ausgeliefertsein denken nicht wenige an die vorzeitige Selbsttötung. Unsere Gesellschaft möchte diese Angst nicht wahrhaben und deutet sie um in ein Pathos von Freiheit und Selbstbestimmung. Dieses Pathos ist aber eines, das den zweifelnden und verzweifelnden Menschen am Ende alleine lässt. Mit Freiheit allein lässt sich keine humane Gesellschaft verwirklichen, wenn diese Freiheit nicht eingebettet ist in eine Kultur der Solidarität mit den (vordergründig) Schwächsten.

2. Auch der schwerkranke Mensch hat Potenziale

Daher muss es Aufgabe der Medizin sein, alles zu tun, damit es gar nicht erst zu Situationen kommt, in denen sich kranke Menschen als unfrei und ausgeliefert empfinden. Eine Medizin, die sich der Allmacht der Apparate und einem rein zweckrationalen Denken anvertraut, die Laborwerte behandelt, anstatt den Menschen dahinter zu sehen – eine solche Medizin macht Angst und treibt viele Menschen zu einer Art präventiver Selbsttötung. Vor diesem Hintergrund kann die Antwort der Medizin gerade nicht das unverbindliche Angebot der Suizidbeihilfe sein. Es müsste vielmehr eine Antwort sein, die die Menschen in ihrer Angst beruhigt, indem sie ihnen vor Augen führt, dass die Medizin eine Zuwendungspraxis ist und keine Apparatepraxis. Statt die Option der »freien« Selbsttötung ins Spiel zu bringen, sollte sie alles dafür tun zu verdeutlichen, dass auch im und ab dem Moment des Krankseins die Chancen keineswegs verloren sind, ein selbstbestimmtes Leben zu führen. Aus der Perspektive unserer starken Jahre können wir uns gar nicht vorstellen, wie sehr sich der Blick auf das Leben verändert – welche Formen der Dankbarkeit, des Aufmerkens, der Hingabe an den Augenblick wir erlernen können –, wenn sich dieser souveräne Spielraum im Alter oder in der Krankheit verengt. Wir denken, ab dem Moment, da man krank geworden ist, sei alles vorbei, ohne zu sehen, dass wir auch im Kranksein wir selbst sein, unsere Persönlichkeit bewahren, unser Leben im kreativen Umgang mit der Krankheit leben können. Die Medizin hätte die Aufgabe, darauf hinzuweisen, wie viel Potenzial auch ein kranker Mensch hat, und wie sehr die Medizin selbst es als ihren Grundauftrag begreift, sich für die Förderung dieser individuellen Potenziale einzusetzen. Medizin ist Sorge um den Anderen. Und das Zentrum dieser Sorge um den Anderen liegt darin, ihm auch als Krankem zu ermöglichen, er selbst zu sein.

3. Fehlender Glaube an die Solidarität der anderen

An diesem Punkt sehen wir, wie einseitig Debatten sind, die sich bei der Frage nach dem Suizid allein darauf beschränken, zu prüfen, ob der Wunsch nach Selbsttötung »wohlüberlegt« war. Der Gesichtspunkt der Sorge wird hier absolut sekundär, obwohl er doch in Fragen des assistierten Suizids das Erste sein sollte. Denn die Entscheidung, sich zu töten oder der Wunsch, der Arzt möge einem dabei helfen, entspringen ja nicht einfach der inneren Persönlichkeit. Sie müssen zugleich als Reaktion, als Widerspiegelung jener Signale gesehen werden, die der Mensch von der Gesellschaft erhält. Kein Mensch entscheidet allein aus sich selbst heraus, was sein Weg sein soll. Er wählt diesen Weg als Resultat dessen, was seine Umwelt ihm vermittelt hat. Denken wir an den Fußballer Konietzka, der sich selbst getötet hat und dies damit begründete, er wolle anderen Menschen nicht zur Last fallen. Hier sind es also die Antizipation oder die Furcht vor einer entsolidarisierten Gesellschaft, die ihm den Lebensmut nahmen. Und genau das ist der gefährliche Punkt an den Debatten um den assistierten Suizid. Wenn wir denken, es wäre doch das Humanste, jedem Menschen den Wunsch nach Suizid zu erfüllen, wenn er das wirklich wolle, suggerieren wir, dass es vernünftig sei, in bestimmten Fällen nicht länger leben zu wollen. Auf diese Weise nehmen wir eine Banalisierung des Todes vor, die hochproblematisch ist. Der selbst gewählte Tod kann aus meiner Sicht nicht einfach zum akzeptablen Normalfall werden, er darf nicht als Normalität wahrgenommen werden, weil er letzten Endes auf zwischenmenschliche Kontexte verweist, die überhaupt erst dazu geführt haben, dass der Wunsch danach aufkommen konnte.

4. Kultur der Machbarkeit

In den öffentlichen Debatten wird der Suizid durch die Auswahl extremer Geschichten zur Erlösungstat hochstilisiert und die Problematisierung der Beihilfe zum Suizid zur Unbarmherzigkeit deklariert. Der machbare Tod wird heute dem langwierigen Prozess der Vermittlung von Anerkennung durch Sorge vorgezogen, weil es vernünftiger erscheint, den schnelleren und planbareren und zielsichereren Weg des assistierten Suizids zu gehen als den beschwerlicheren, mühsameren und weniger garantieverheißenden Weg des Beistandes. Was kann durch den Beistand schon rauskommen? Das ist der eigentliche Unterton der Hochstilisierung des assistierten Suizids. Der handhabbare Tod, der Tod auf Bestellung erscheint schlichtweg als der effizientere und damit in einem ökonomistischen Zeitalter geradezu automatisch als der bessere Weg. Oft wird er gar als alternativloser Weg dargestellt, im Sinne dessen, dass alles andere doch sinnlos sei. Immer mehr wird in den Debatten der assistierte Suizid als das gute Ende hochstilisiert, er wird geradezu beworben und als die Lösung aller Probleme glorifiziert.

Wenn dann in diesem Zuge von Leidenslinderung die Rede ist, so erscheint jede Alternative zum assistierten Suizid als mutwillige Bescherung eines Leids, das als grundsätzlich vermeidbar angesehen wird. Streng genommen ist es allerdings nicht schlüssig, die Beihilfe zum Suizid als geeignetes Mittel zur Abwendung von Leid anzusehen, denn mit dem Suizid hüte ich den Menschen nicht davor, Leid zu empfinden, sondern ich beseitige den Menschen, den man vor dem Leid bewahren möchte. Das hehre Ziel, das Leid eines Menschen zu lindern, kann nur verwirklicht werden, solange der Mensch, dessen Leid ich lindern möchte, existiert. Da man durch die Vernichtung des Menschen keinerlei Linderung vollziehen kann, sondern damit alle Möglichkeiten der Linderung komplett abgeschnitten sind, kann man den Sinngehalt der Leidenslinderung gerade nicht durch die Suizidbeihilfe verwirklichen. Der assistierte Suizid ist eben keine Problemlösung, er ist keine Bewältigung eines schwierigen Problems, sondern er ist das Aus-dem-Weg-Räumen des Problems, das ungelöst geblieben ist. Es ist daher verwunderlich, wie leichtfertig wir uns mit der Lebensvernichtung zufriedengeben, anstatt noch tiefer zu überlegen, wie wir helfen können, dass der betroffene Mensch sein Leidensproblem auch bewältigen kann anstatt sich selbst zu töten.

Man muss sich klarmachen, dass das Ziel der Suizidbeihilfe gerade nicht die Leidenslinderung, sondern der Tod des Patienten ist. Die Umdeutung der Zielsetzung ärztlichen Handelns von der Therapie, die dem Patienten zu dienen hat, in eine Handlung, die den Tod des Patienten bezweckt, kann nur Befremden auslösen, weil sich hier ganz offensichtlich ein Bruch vollzieht von der bewährten Vorstellung ärztlicher Identität als Identität der Sorge um den Patienten und nicht der Bemühungen um die Vernichtung des Patienten. Offensichtlich ist es so, dass wir immer bereiter werden, für das Ziel einer leidlosen Gesellschaft die Leidenden selbst abzuschaffen, was in sich schon paradox ist. Doch wenn man dann versucht, die Medizin für dieses Ziel der Abschaffung der Leidenden heranzuziehen, dann werden die unaufhebbaren inneren Widersprüche doppelt virulent.

Was in den Debatten etwas anklingt, ist die Haltung der Anspruchlichkeit; viele Kommentare lesen sich so, als hätte man einen Anspruch auf Gewährung der Beihilfe zum Suizid und jeder, der diesen Anspruch nicht erfüllt, sei bevormundend. Dieser Vorwurf der Bevormundung ist jedoch schon argumentationslogisch nicht begründbar. Denn wenn es zum unabdingbaren Respekt vor dem Anderen gehörte, Beihilfe zur Selbsttötung zu leisten, dann müsste auch jeder grundsätzlich verpflichtet werden können, Beihilfe zu leisten. Es ist eben doch ein Unterschied, ob man Anspruch anmeldet auf Unterlassung, auf Unterlassung der Therapie am Lebensende oder ob man einen Anspruch auf Erfüllung einer Tat anmeldet. Dieses Erfüllungsrecht kann nicht absolut bestehen, weil eine Verpflichtung zur Beihilfe zur Selbsttötung einer Instrumentalisierung des Arztes gleichkäme und daher nicht postuliert werden kann. Den Unterschied zwischen Abwehrrecht und Erfüllungsrecht möchte man in den Debatten gerne negieren, aber man kommt an dieser Differenz nicht vorbei.

5. Sozial bestätigte Wertlosigkeit des Lebens

Nun könnte man einwenden, jeder sollte doch selbst entscheiden können, ob er gehen möchte oder bleiben. Und in der Tat ist hier jede Form von Bevormundung absolut inakzeptabel. Es kann nicht darum gehen, besser wissen zu wollen, was für den anderen gut ist; es gilt stets, die Unverwechselbarkeit der Person zu achten und sie zum Ausgangspunkt von allem zu machen. Daher muss man auch anerkennen, dass die Gründe für den Suizid sehr vielfältig sind und nicht alle in die Erklärung hineinpassen, die ich gerade entfaltet habe. Und doch bedeutete es eine ethische Resignation, wenn wir den Wunsch, lieber sterben zu wollen als zu leben, einfach akzeptieren und ihn als unverrückbar, ja schicksalsgegeben hinnehmen würden. Ich finde, wenn es um Leben und Tod geht, kann man sich mit keiner widrigen gesellschaftlichen Situation einfach zufrieden geben. Wer sagt eigentlich, dass man nichts gegen die Umstände in der Gesellschaft ausrichten kann? Auch wenn es »vernünftig« sein mag, im Angesicht eines bevorstehenden Schreckens den Tod vorzuziehen – was ist dieser Schrecken genauer, wo es um Krankheit, Hinfälligwerden und um den assistierten Suizid geht? Ist es nicht der Schrecken, als wertloser Mensch aus einer Gesellschaft von Starken einfach herauszufallen? Aber was wäre, wenn die Gesellschaft umdenken und ihre Werte auf den Kopf stellen würde, wie es zum Beispiel die Hospizdienste tun, die den Menschen, die im Sterben liegen, vermitteln, wie viel sie von ihnen erhalten, ja wie viel gerade *diese* Menschen ihnen, den Helfenden geben können? Ob jemand sterben möchte im Angesicht einer Krankheit oder doch weiterleben, hängt zwar nicht ausschließlich, aber doch zu einem beträchtlichen Teil davon ab, in welcher Gesellschaft sich dieser Mensch wähnt. Es hängt von den sozialen Gefügen ab, von der Antizipation dessen, was andere Menschen über einen denken werden, wenn man schwer und unheilbar krank geworden ist. Wenn wir den Weg des assistierten Suizids als eine medizinische Dienstleistung betrachten, die man unter anderen wählen kann, so nehmen wir es einfach zu schnell hin, dass es in unserer Gesellschaft Menschen gibt, die nicht an die Solidarität ihrer Mitmenschen glauben, die sich als schwerkranke Menschen nicht auf-, sondern vollständig abgewertet erfahren, weil sie »nur« noch im Bett liegen. Hier gilt es, umzudenken.

6. Vermittlung der Lebensbejahung als unhintergehbare soziale Aufgabe

Mich hat ein Erlebnis im Rahmen einer Podiumsdiskussion eine Zeit lang sehr beschäftigt. Es ging um einen selbstbewussten Schriftsteller, der in der Podiumsrunde vehement dafür eintrat, dass man ihm im Fall der Fälle assistierten Suizid gewähren müsse, da er als freier Mensch ein Anrecht darauf habe, darüber zu entscheiden, ob er weiterleben wolle oder nicht. Nach seinem entschiedenen Plädoyer stand im Publikum eine junge Frau auf und fragte ihn: »Sie haben doch gesagt, Sie hätten vier Kinder. Wenn ich jetzt Ihre Tochter wäre und ich würde Sie im Fall der Fälle bitten, Ihren Wunsch, sich zu töten, zu revidieren, und ich Sie bitten würde, es nicht zu tun, würden Sie es dann dennoch wollen, den Suizid?« Der Mann war von dieser Frage sichtlich betroffen und antwortete ohne langes Zögern oder Nachdenken schlicht: »Dann natürlich nicht...«. Offensichtlich hatte die Frage der jungen Frau vieles in ihm wachgerufen. Und auch mich hat dies lange beschäftigt – denn wenn der Zuruf der Tochter eine so lebensbejahende Wirkung haben könnte, warum sollte sie nicht auch von einem Arzt, einer Pflegeperson, ja überhaupt von einem Mitmenschen hervorgerufen werden können?

Dieses individuelle Erlebnis zeigt einmal mehr (vor allem angesichts der ursprünglichen Entschiedenheit dieses Schriftstellers), dass der Wunsch nach Suizid eben das Resultat von Erfahrungen ist und nicht einfach ein logisches Kalkül. Es sind die Erfahrungen mit anderen Menschen, die solche Wünsche aufkommen lassen, und es sind fehlende Erfahrungen von Solidarität, von zwischenmenschlicher Zuwendung, von Geliebt werden ohne Bedingung, die Menschen in den Suizid treiben.

Wir sprechen so viel von Freiheit, von Wohlüberlegtheit, von formalistischen Implikationen, aber das Entscheidende ist doch die Frage, ob ein Mensch noch geliebt wird. Entscheidend ist die Frage, ob wir in einer Gesellschaft leben, in der kranke Menschen wirklich als wertvolle Menschen wahrgenommen werden. Entscheidend ist, ob wir es schaffen, eine Kultur der Zuwendung auf den Weg zu bringen, in der sich der schwerkranke Mensch gerade nicht entwertet fühlt, sondern durch die Sorge seiner Mitmenschen sowie durch eine Medizin, die die Beziehung in ihren Mittelpunkt stellt, eine neue Bedeutung erfahren kann. Wenn aber selbst Ärzte von »austherapierten Patienten« sprechen oder von »hoffnungslosen Fällen«, dann suggerieren sie, dass diese Menschen jede Chance verwirkt haben, als Menschen wahrgenommen zu werden, um die man ringt und kämpft, für die man sich engagiert, für die man in die Bresche springt, für die einen nichts zu viel ist. Viele Menschen fürchten, dass sie als Pflegebedürftige schlicht eine Zumutung darstellen für ihre Mitmenschen, die anderes zu tun haben, als sich um wertlose Kranke zu kümmern.

7. Assistierter Suizid als implizite Entpflichtung der Gesellschaft

Sobald der assistierte Suizid als probate Lösung propagiert wird, erscheint es einer Gesellschaft vernünftiger, diesen Weg zu gehen, als um die Menschen zu kämpfen, für ihren Lebenswillen zu einzutreten, sich dafür einzusetzen, dass eine in der wechselseitigen Angewiesenheit gründende fundamentale Lebensbejahung zum tragenden Moment der gesamten Gesellschaft wird. Das ist das tieferliegende Problem des assistierten Suizids. Das Weiterlebenwollen wird irgendwann nicht mehr als das Selbstverständlichste betrachtet, sondern nur noch als Option, als Resultat einer persönlichen Wahl, die man »vernünftigerweise« auch anders hätte fällen können. Damit würde am Ende der Gedanke transportiert, man könnte sein Anrecht auf die Hilfe Dritter in bestimmten Fällen verwirkt haben, weil es Fälle gibt, in denen es vernünftig erscheint, nicht mehr zu sein. Man wird plötzlich begründen müssen, warum man trotz schwerster Krankheit lieber weiterlebt, auch dann lieber weiterlebt, wenn dies den Mitlebenden eine Pflicht zur Pflege, zum Beistand auferlegt. Freiheit kann in diesem Falle eben auch heißen: Ihr könnt euch ja umbringen, wenn es euch nicht gut geht! Wenn es einem aber nicht gut geht und man bringt sich nicht um, sondern hofft auf Beistand, schleicht sich leicht das Gefühl ein, man müsse sich für diesen erhofften Beistand irgendwie rechtfertigen. Ich denke, wir können hier für das Ende des Lebens viel lernen aus den Erfahrungen mit dem Anfang des Lebens, denn am Anfang des Lebens haben wir genau das Denken, das auch das Ende des Lebens immer mehr überschattet. Auch dort erscheint es uns immer selbstverständlicher, dass wir das Leben im Mutterleib zu begutachten hätten, dass wir es erst auf seinen »Wert« hin zu mustern hätten, bevor wir entscheiden, ob wir es wollen oder nicht. Der anfangs erwähnte ökonomistische Vergleich mit einer Aktie, die man jeden Tag zu bilanzieren hätte und abstoßen müsste, wenn sie an Wert verliert, er trifft auf den Anfang des Lebens in eklatanter Weise zu, und dort können wir die Folgen dieses ökonomistischen Denkens längst schon erleben; denn wir erleben, dass es nicht nur der Schwangeren anheimgestellt wird so zu entscheiden, sondern es wird von ihr erwartet, dass sie ökonomisch gesehen vernünftig entscheidet. Es bleibt ihr gerade nicht einfach selbst überlassen, wie sie entscheidet, sondern es wird als irrational angesehen, wenn sie ein Kind, das Behinderungen haben wird, annimmt und nicht abtreibt. Das ist die Konsequenz einen rein kalkulatorischen Zugangs auf menschliches Leben, dass dann das gebrechliche Leben als ein Leben angesehen wird, das eigentlich doch gar nicht sein bräuchte, und wer es dennoch stützt, der gilt als unvernünftig, weil man vorher schon entschieden hat, dass es produktives lebenswertes und unproduktives lebensunwertes Leben gibt. Dieses Denken macht sich nun auch am Ende des Lebens breit und das ist eine Fehlentwicklung, vor der man die Augen nicht verschließen darf.

So mancher, der seinem Leben selbst ein Ende setzte, hatte schlicht den Mut verloren, an die Selbstverständlichkeit des Beistands zu glauben. Darin liegt die eigentliche Tragik der Befürwortung des assistierten Suizids als Lösung für die Not eines kranken Menschen. Die ärztliche Beihilfe zur wählbaren Dienstleistung zu erklären bedeutet, die Gesellschaft von ihrer Aufgabe zu entlasten, sich gegen die Vereinsamung, Entwertung und Verzweiflung kranker Menschen zu engagieren. Je mehr der assistierte Suizid zur wählbaren normalen Alternative avancierte, desto mehr erschiene die Sorge für die vereinsamten und schwerkranken Menschen nur noch als eine Option unter anderen, ja in gewisser Weise als unnötig, da sich ja die weniger mühevolle Alternative des Suizids anböte. Daher erscheint es mir so wichtig, gerade in unserer Zeit für ein Engagement gegen die Verzweiflung und für mehr Fähigkeit zur Hoffnung zu votieren.

Die Zulassung des Suizids käme einer Begrenzung der gesellschaftlichen Anstrengung gleich, alles denkbar Mögliche dafür zu tun, dass solche Suizidwünsche gar nicht erst aufkommen. Letzten Endes gliche die Normalisierung des assistierten Suizids einem wissentlichen Einkalkulieren von Situationen, die eigentlich nie »normal« sein können, sondern immer tragisch bleiben. Diese Tragik wird banalisiert, wenn wir die Beihilfe zum Suizid als wählbare Dienstleistung etablieren. Der Suizid bleibt eine offene Wunde, die nicht dadurch verheilt, dass er autonom erfolgt. Und weil er eine Wunde bleibt, kann die Antwort auf das Begehren nach dem Suizid nur die radikale Dynamik einer Beseitigung der Suizidgründe sein – und nicht die verfahrenstechnische Abwicklung einer tragischen Tat.

8. Privatisierung eines gesamtgesellschaftlichen Defizits

Die Normalisierung des assistierten Suizids wäre ein weiterer Schritt in Richtung einer Privatisierung der Hoffnungslosigkeit, die die Augen davor verschließt, dass die Hoffnungslosigkeit eines Menschen unweigerlich eine soziale, gesamtgesellschaftliche Komponente hat. Wir tun so, als läge es an den Präferenzen des Einzelnen, einen Suizid zu wollen oder nicht, das heißt, wir machen den Einzelnen zum Urheber der Notwendigkeit des Suizids. Und dabei übersehen wir, dass sich in dem Begehren des Einzelnen internalisierte soziale Deutungsmuster widerspiegeln. Dass er sich als wertlos vorkommt, als Last, ja gar als Zumutung für andere, kann als Zumutung für andere, kann nicht einfach als Präferenz wahrgenommen werden, sondern muss als Ausdruck widriger sozialer Verhältnisse erkannt werden und zugleich als Verinnerlichung gesamtgesellschaftlicher Deutungsmuster, die man nicht einfach so stehen lassen kann. Ich meine das kollektive Deutungsmuster, wonach es Leben gibt, das nicht lebenswert ist. Wir leben in einer Gesellschaft, in der implizit genau diese Botschaft vermittelt wird, dass wir jederzeit den Wert unseres Lebens verlieren können, durch Krankheit, Behinderung, Entsagung. Es geht um den scheinbaren Konsens, Leben sei nicht an sich wertvoll, sondern nur, wenn es etwas leiste. Diesen sozialen Konsens haben die von Krankheit bedrohten Menschen verinnerlicht und machen ihn zum Beweggrund ihrer eigenen Präferenzen. Wenn wir auf diese Internalisierung dieser sozial vermittelten Einstellung nun mit der Aussage reagieren, Kranke, Alte und andere Menschen, die sich selbst entwertet fühlen, könnten sich ja selbstbestimmt aus unseren Reihen verabschieden, machen wir diese Einstellung gesellschaftlich salonfähig – und versäumen dabei, ihr entschieden Signale entgegenzusetzen.

Daher besteht die vordringlichste Aufgabe der Gesellschaft darin zu fragen, ob wir bei einem Sterbewilligen wirklich alles getan haben, um ihn aus seiner Bedrängnis zu holen. Haben wir alles unternommen, um seine unerträglichen Schmerzen zu lindern? Was haben wir möglicherweise versäumt, wenn er sein Leid als zu groß ansieht? Wir müssen uns fragen, ob wir dem Sterbewilligen hinreichend verdeutlicht haben, dass ein Mensch auch dann, wenn er am Ende seines Lebens stärker auf andere angewiesen ist als vorher, noch er selbst sein kann. Und wir müssen ihm diesen Raum und unseren Beistand als selbstverständlich gewähren, als etwas, wofür kein Mensch sich zu rechtfertigen braucht. Das Leiden eines Menschen einfach als Auftrag zu betrachten, ihn zu töten oder seinen Suizid zu organisieren, ist ein Kurzschluss. Wenn ein Mensch seine Lage für so aussichtslos hält, dass er lieber sterben möchte, muss man vielmehr alles geben. Es geht um das Aufzeigen neuer Perspektiven, und seien sie noch so klein.

Eine Gesellschaft, die es vollkommen verlernt hat, auf den Suizid eines Menschen mit Bedauern zu reagieren, entzieht sich ihre eigene Grundlage. Denn wenn das Sich-Selbst-Abwählen zur Normalität geworden ist und dieser Schritt sogar in rechtliche Formen gegossen wird, dann ist das ein Schritt in die Selbstabwahl des Menschen schlechthin. Dass wir an diesem Punkt bereits angekommen sind, zeigt sich am Tenor unserer heutigen Debatten. Diesbezüglich nachdenklich muss es einen stimmen, wenn Bücher, die sehr lautstark für die Normalisierung des Suizides votieren, zu Bestsellern werden und in allen Gazetten hochgelobt wurden. Um dies zu verdeutlichen, möchte ich die Argumentationsstruktur eines hierfür paradigmatischen Buches genauer analysieren. In dem Buch »Letzte Hilfe«[2] schlägt der Autor Uwe-Christian Arnold ernsthaft und mit dem Gestus des Objektiven vor, Suizidwünsche in vernünftige und unvernünftige Wünsche einzuteilen. Hierfür empfiehlt er, danach zu fragen, ob der Suizidwunsch eines Patienten »rationalen Kriterien« genüge oder nicht. Im Folgesatz erklärt er uns dann, was er unter Vernünftigkeit versteht: »Herr D. hatte sein Leben gelebt, mit einer Verbesserung seiner Lebenssituation war von nun an nicht mehr zu rechnen, sondern mit dem Gegenteil: mit völliger Bettlägerigkeit und Pflegebedürftigkeit«[3] – und deswegen sei es für ihn, den Autor, rational, dass Herr D. sich umbringen möchte. Das Buch widmet sich somit der Propagierung einer bestimmten Vorstellung von lebenswertem Leben, die man als Einzelner natürlich haben kann, die man aber nicht zum Modell für Vernünftigkeit machen darf. Dass der Autor eine solche illegitime Verallgemeinerung jedoch vornehmen kann, ohne dass irgend ein Leser dies für unbotmäßig erachtet, hat mir vor Augen geführt, wie selbstverständlich es uns geworden ist, ein Leben in der Pflegebedürftigkeit als ein grundsätzlich abwählbares Leben zu betrachten. Das ist die Tragik, die ich mit der breiten Akzeptanz eines solchen Buches verknüpfe.

Bemerkenswerterweise unterscheidet der Autor Menschen, die sich »aus falschen Gründen zum falschen Zeitpunkt das Leben nehmen«[4] von solchen, die dies zum richtigen Zeitpunkt und aus richtigen Gründen tun. Die Menschen mit den falschen Gründen, so der Autor »hätten eine gute psychologische Betreuung gebraucht, eine solide Lebens- und keine Suizidassistenz«[5] – die anderen hingegen eine gute Begleitung zur Selbsttötung. Der Suizid nach Schlaganfall oder gar

---

[2] Uwe-Christian Arnold, Letzte Hilfe. Ein Plädoyer für das selbstbestimmte Sterben, Reinbek bei Hamburg 2014.
[3] Ebd., S. 58.
[4] Ebd., S. 43 und S. 182.
[5] Ebd., S. 43.

der Alterssuizid werden dabei grundsätzlich für rational erklärt, ohne dass es irgend einen Protest dagegen gegeben hätte, was zeigt, wie tief verankert unsere kollektive Negativbewertung von gebrechlichem Leben schon ist.

Denkt man dies aber logisch zu Ende, wird auf diese Weise suggeriert, dass es geradezu irrational sei, sich im Zustand der »Bettlägerigkeit und Pflegebedürftigkeit« keine Suizidbeihilfe zu erhoffen, sondern Lebensbeistand. Es ist für mich geradezu deprimierend, in diesem von so vielen Menschen gekauften und für gut befundenen Buch lesen zu müssen: »Nahezu jeder würde es vorziehen, bei klarem Bewusstsein auf schnellem und sanftem Wege aus dem Leben zu scheiden, statt sich einer zwei- bis dreiwöchigen Sterbeprozedur zu unterziehen, bei der man in besonderer Weise auf die Hilfe anderer angewiesen ist.«[6]

Den Suizidwunsch eines pflegebedürftigen Menschen deklariert der Autor zu einer »nachvollziehbaren, konsequenten oder unausweichlichen Reaktion auf bestimmte Lebensumstände«[7]. Konsequent – das bedeutet, dass wer pflegebedürftig ist und sich nicht selbst töten möchte, eigentlich inkonsequent ist. Unausweichlich – das bedeutet, dass bei Pflegebedürftigkeit der Suizidwunsch zwingend aufkommt und es kein Mittel gibt, dem Menschen in seiner Pflegebedürftigkeit aufzufangen und ihm Lebensqualität zurückzugeben. Wo bleiben denn wenigstens der Anspruch, das Bemühen um Trost, um eine Verbesserung der Pflege am Ende des Lebens? Es sei, so Arnold, »unsinnig, Suizide per se verhindern zu wollen. Reduzieren sollten wir selbstverständlich die erschreckend hohe Rate von Verzweiflungssuiziden […], keineswegs aber die verhältnismäßig geringe Zahl von Fällen, in denen Menschen wohlüberlegt den Freitod wählen.«[8] »Keineswegs« sollte man sich in den Augen des Autors also auch nur darum bemühen, die Situation dieser Menschen zu ver-

---

[6] Ebd., S. 38
[7] Ebd., S. 182.
[8] Ebd.

bessern! Selbst der Versuch einer Verringerung »wohlüberlegter« Suizide erscheint dem Autor als unangemessen.

Die breite Akzeptanz dieses Buches zeigt auf, dass wir in einer Zeit leben, in der die Menschen nicht mehr wagen zu hoffen – zu hoffen auf die Selbstverständlichkeit, dass man sich um sie kümmern wird, wenn sie alt werden oder schwer erkranken. Die Menschen glauben offensichtlich nicht mehr daran, dass man auch als »Schlaganfallpatient« durch Zuwendung von Seiten der Ärzte und Pflegenden das Gefühl, vollständig wertlos geworden zu sein, wieder ablegen kann. Und weil sie daran nicht mehr glauben, ja nicht einmal mehr zu träumen wagen von einem Beistand in den Stunden der Gebrechlichkeit, erscheint es vielen Menschen als »vernünftig«, sich selbst frühzeitig zu töten. Und doch meine ich, dass eine solche Situation einfach nicht hingenommen werden darf.

Vor dem Hintergrund einer solchen Plausibilisierungsrhetorik, der wir heute überall ausgesetzt sind, und im Hinblick auf die allgegenwärtigen lautstarken Plädoyers für eine Normalisierung des assistierten Suizids ist es wichtig, sich klarzumachen, dass dem Wunsch nach Selbsttötung zunächst nichts stärker zugrunde liegt als Ambivalenz. Der Wunsch zu sterben ist nicht einfach eine Tatsache, an der man nicht vorbei kann, sondern er ist ein schwankender Wunsch, ein Hin- und Hergerissensein zwischen Lebenwollen und Nicht-mehr-ertragen-können. Wenn jemand sich selbst töten möchte, dann ist das meist so zu verstehen, dass der Betreffende die Situation, in der er sich befindet, für aussichtslos, hoffnungslos und ohne Ausweg hält. Für ihn ist dann aus dieser Perspektivlosigkeit heraus das Weiterleben eine schlimmere Vorstellung als der Tod. Das heißt aber, dass sich diese Menschen nicht primär den Tod wünschen, sondern eine andere Situation des Lebens, die ihnen jedoch unerreichbar zu sein scheint. Wenn wir auf diese Bedrängnis die Suizidassistenz als probate Lösung wählen, haben wir letzten Endes selbst resigniert und belassen die Situation des Patienten so wie sie ist, weil sein Verschwinden aus dem Leben der naheliegendere Weg zu sein scheint.

Wir brauchen daher einen niedrigschwelligen Zugang zu einer professionellen Betreuung suizidgefährdeter Menschen, damit ihnen frühestmöglich geholfen werden kann. Menschen, die lieber sterben wollen statt weiterzuleben, benötigen zunächst einmal das Gefühl, dass sie darüber mit ihren Ärzten reden können. Ein großes Manko der jetzigen Situation ist, dass sich Patienten nicht immer trauen, über ihre Suizidgedanken zu sprechen, weil viele von ihnen befürchten, in der Psychiatrie zu landen. Das ist keine gute Situation, weil sie auf diese Weise in ihrer Not alleingelassen werden. Daher brauchen wir eine offenere Gesprächskultur über den Gedanken an Selbsttötung, denn nur dann ergeben sich Chancen, derart bedrängten Menschen in ihrer Not fachkundig zur Seite zu stehen.

9. Reintegration der Schwerkranken in die Gesellschaft

Menschen, die verzweifeln ob ihrer Krankheit und Hinfälligkeit, müssen wissen, dass sie immer nur frei entscheiden können und niemand sich über sie hinwegsetzen wird. Das ist die allererste Grundlage einer Ethik der Zuwendung, dass sie den anderen zum Ausgangspunkt macht und nicht die eigene zwangsläufig partikulare Vorstellung. Daher muss man ihnen zusichern, sie nie zu übergehen oder gar gegen ihren Willen zu handeln; und man muss ihnen zusichern, dass man ihnen eine rein technische aber sinnlose Versorgung jederzeit ersparen wird und ihnen das Recht, Maßnahmen abzulehnen, zu keinem Zeitpunkt verweigern wird. Im Angesicht der Situation der Schwäche, in der sich sterbewillige Menschen befinden, kann man bei dieser unabdingbar notwendigen Gewährung von Freiheiten nicht einfach stehen bleiben. Es geht vielmehr darum, den Anderen als einen in sich wertvollen Menschen anzuerkennen, der seine Würde nie verlieren kann, ganz gleich, in welcher Situation er sich befindet. Und diese Würde zu achten bedeutet, ihm in jeder Situation das Gefühl zu geben, eine besondere Person zu sein. Ziel muss es also sein, alle Hebel in Bewegung zu setzen, um den Suizidwilligen, der sich unweigerlich in extremer Einsamkeit befindet, zurückzuholen in die Gemeinschaft, in eine Gemeinschaft, die diesen Menschen re-integriert.

Die zentrale Aufgabe von Medizin und Gesellschaft besteht kurz gesagt darin, Menschen, die Angst vor ihrer Gebrechlichkeit haben, zu signalisieren, dass sie nichts leisten müssen, um als wertvolle Menschen anerkannt zu werden. Es gilt, der Isolation vieler kranker Menschen entgegenzuwirken und ihnen eine neue Bedeutung zu verleihen, damit sie sich nicht als »Versorgungsproblem« begreifen, das anderen nur Arbeit macht. Sie müssen vielmehr realisieren dürfen, dass die Gesellschaft dankbar dafür ist, sie in ihrer Mitte zu haben, und sie müssen jeden Tag von der Gesellschaft selbst vermittelt bekommen dürfen, dass die Gesellschaft als Ganze viel von den kranken Menschen bekommt.

Die kollektive Zusicherung der bedingungslosen Annahme des Anderen kann so etwas wie Trost aufkommen, wie Linderung, vielleicht sogar Hoffnung, ja am Ende sogar das Gefühl des Sich-getragen-Wissens. Diesen Trost und diese Hoffnung kann man nur dann empfinden, wenn man umgeben ist von Menschen, die entsprechende Signale aussenden. Signale, die verdeutlichen, dass man bei aller Widerständigkeit des Gebrechlichseins von seinen Mitmenschen, ja von der ganzen Gesellschaft nicht allein gelassen wird. Diese Botschaft kann nur durch die Etablierung einer neuen Kultur im Umgang mit schwerstkranken Menschen vermittelt werden, durch die Etablierung einer Kultur, die deutlich macht, dass auch der Mensch in seiner größten Pflegebedürftigkeit uns allein aufgrund der Tatsache, dass er ein Mensch ist, viel zu geben vermag.

Christoph von Ritter

Kein Tod auf Rezept

Warum Ärzte nicht töten dürfen

Neu ist die Frage, ob es Ärzte erlaubt sein sollte, zu töten, keineswegs. Ganz im Gegenteil: wie ein roter Faden zieht sich diese Frage durch die Medizingeschichte: Bekanntermaßen hat sich schon Hippocrates intensiv mit der Problematik beschäftigt und sich klar geäußert: »Ich werde niemandem, nicht einmal auf ausdrückliches Verlangen, ein tödliches Medikament geben« (Bauer 1993).

Auch der Leibarzt der preußischen Könige Christoph Wilhelm Hufeland lieferte Anfang des 19.Jahrhundert in seinem Enchiridon medicum eine auch heute noch sehr relevanten Einschätzung: »Er [der Arzt] soll und darf nichts anderes thun, als Leben erhalten; ob es ein Glück oder Unglück sei, ob es Werth habe oder nicht, dies geht ihn nichts an, und maaßt er sich einmal an, diese Rücksicht mit in sein Geschäft aufzunehmen, so sind die Folgen unabsehbar, und der Arzt wird der gefährlichste Mensch im Staate.« (Hufeland 1837).

Hufelands Befürchtungen sollten nur 100 Jahre später tragische Wirklichkeit werden. Im Jahr 1941 wurde zur propagandistischen Vorbereitung der »T4«-Euthanasie-Aktion der Nationalsozialisten der Film »Ich klage an« produziert (Liebeneier 1941a). Ein cineastisches Meisterwerk, in dem raffiniert suggeriert wird, dass ein Arzt die Freiheit haben sollte, seinen Patienten zu töten, um Leid zu beenden. Ja, es wird postuliert, dass es sich hierbei um einen heroischen Akt der Liebe handelt. Der Protagonist Prof. Heydt forscht zunächst fanatisch, letztlich aber erfolglos nach einer Therapie für die schnell fortschreitende Multiple Sklerose seiner geliebten Ehefrau. Angesichts seines Scheiterns erfüllt er den

Wunsch seiner Frau, sie mit Gift zu töten. Der Hausarzt Dr. Lang, der während der Forschungstätigkeit des Ehemanns aufopferungsvoll an der Seite der Patientin ausgeharrt hatte, hatte die Bitte seiner Patientin und Jugend-Freundin zur Beihilfe zur Selbsttötung beständig von sich gewiesen. Empört bezeichnete er nach dem Tod seiner Patientin den Kollegen Prof. Heydt als Mörder. Aber bis zum Ende des Films wird auch Dr. Lang »bekehrt«. Er hatte das Leiden eines Kindes mit Gehirnhautentzündung beobachten müssen, das er Wochen zuvor vor dem sicheren Tod bewahrt hatte. Angesichts der Vorwürfe der Eltern des Kindes macht er sich für den tragischen Verlauf verantwortlich und revidiert vor Gericht sein Urteil über den Kollegen Heydt.

In Kenntnis der katastrophalen Folgen dieses subtilen Propaganda-Films erschrickt man, wenn man die Argumente der aktuellen Debatte zur »Sterbehilfe« fast vollständig im Film wieder findet. So wird das Tötungsverbot für Ärzte kritisiert und eine gesetzliche Neuregelung zur Straffreiheit von Ärzten gefordert. Mehr noch, es wird postuliert, dass es angesichts »unerträglichen Leidens« ärztliche Pflicht sei, den Patienten zu »erlösen«. Den Wunsch eines Patienten nach Tötung zu verweigern führe zu »sinnloser Lebensverlängerung« und verletze die »Autonomie am Lebensende«.

Auf den international üblichen Begriff »Euthanasie« wird in Deutschland angesichts der nationalsozialistischen Vergangenheit strikt verzichtet. Die aktuelle gesellschaftliche Debatte wird unter dem Überbegriff der »Sterbehilfe« geführt. Dies ist verwirrend, weil man unter dem Begriff Sterbehilfe ganz unterschiedliche, teils gegensätzliche Maßnahmen verstehen kann. Es wird zwischen passiver und aktiver Sterbehilfe unterschieden. Dabei steht »passive Sterbehilfe« für Palliativtherapie, der ärztlichen Form der Sterbebegleitung. In unzähligen Studien konnte nachgewiesen werden, dass Palliativmedizin effektiv Schmerzen, Atemnot und andere körperliche Beschwerden im Sterbeprozess kontrollieren kann (aktuelle Literaturübersicht bei European Association for Palliative Care 2015). »Unerträgliches« Leiden muss angesichts der vielen Möglichkeiten der Palliativmedizin als ärztlicher Kunstfehler angesehen werden. Palliativmedizin ist geeignet, den Sterbewunsch eines Menschen zu zerstreuen. Unter dem »Pallidum«, dem schützenden Mantel, kann dem Sterbenden die Verzweiflung genommen werden.

Ganz im Gegensatz hierzu bezeichnet »aktive Sterbehilfe« einen Tötungsakt, der entweder in Form einer Beihilfe zum Selbstmord oder direkt durch Tötung auf Verlangen vollzogen wird. Im internationalen Sprachgebrauch wird diese »aktive Sterbehilfe« durchwegs als Euthanasie bezeichnet. Die Verbrämung von Euthanasie mit der positiven Konnotation von Sterbe-»Hilfe«, trägt zur – teils gezielten – Verwirrung in der aktuellen Debatte bei. Um eine solche Verwirrung zu vermeiden wird im Folgenden möglichst der Ausdruck »Sterbehilfe« vermieden. Auch die zwar juristisch relevante Unterscheidung zwischen Tötung auf Verlangen und Beihilfe zum Selbstmord spielt für die weiteren Überlegungen nur eine nachgeordnete Rolle, zeichnet doch in beiden Fällen der Arzt direkt oder indirekt für den Tod des Patienten verantwortlich.

1. Primum nihil nocere, das Grundprinzip ärztlichen Handelns

Zu den zentralen Aufgaben eines Arztes zählen Leid zu lindern, Trost spenden und – wenn möglich – zu heilen. Jede seiner Handlungen aber muss dem Prinzip des *Primum nihil nocere* genügen. Als ehernes Prinzip ihres Handelns wurde das *Primum nihil nocere* den Ärzten sehr wahrscheinlich schon unter Kaiser Tiberius, ungefähr im Jahre 50 n.Chr., ins Stammbuch geschrieben. Es verpflichtet den Arzt zu einer sorgfältigen Abwägung der Vor- und Nachteile seiner therapeutischen Maßnahmen. Soweit absehbar darf sein Tun niemals mehr Schaden als Nutzen für den Patienten bringen.

Angesichts unklarer Prognosen stellt das *Primum nihil nocere* den Arzt nicht selten vor große Herausforderungen. Aktuell gefährdet die Ökonomisierung der Medizin das Prinzip des *Primum nihil nocere*. So können z.B. gut vergütete diagnostische und therapeutische Maßnahmen den Arzt verleiten ohne sorgfältige Abwägung, tätig zu werden. Eindeutig verbietet sich auf der Basis des *Primum nihil nocere* ein Tötungsakt für den Arzt. Dies allein schon wegen der Irreversibilität der Maßnahme und der damit fehlenden Möglichkeit einer Korrektur. Und, weil der Arzt ja keine verlässliche Aussage über die Verhältnisse nach dem Tod machen kann, kann auch ein Vorteil des Tötens für den Patienten nicht bemüht werden. Tötung auf Verlangen oder Beihilfe zum Suizid ist also ganz offensichtlich mit dem Grundprinzip ärztlichen Handelns, dem *Primum nihil nocere*, unvereinbar.

Folgerichtig ist in keiner anderen Berufsgruppe das Tötungsverbot so fest verankert wie in der Standesordnung der Ärzte. Verfügen Ärzte doch über ein großes Arsenal an potentiell tödlich wirkenden Substanzen. Zusätzlich macht das Vertrauensverhältnis zwischen Patienten und Arzt den Patienten verletzlich. Der Arzt hat die Möglichkeit dieses Vertrauensverhältnis zum Nachteil seines Patienten zu missbrauchen.

2. »Unerträgliches Leiden«, die »Leid«-Kultur

Das Wirken eines Arztes soll dazu beitragen, das Leid seines Patienten lindern. Wie verhält es sich aber, wenn der Patienten sein Leiden trotz aller Bemühungen des Arztes als »unerträglich« und »qualvoll« empfindet. Die Angst vor einem qualvollen Tod mit Schmerz, Leid und Siechtum bewegt die Menschheit seit jeher. Man betet um den sanften Tod und wünscht sich, ruhig zu entschlafen. Unbestritten ist aber wohl, dass wir niemals in der Menschheitsgeschichte diesem Wunsch näher gekommen sind als heutzutage. Dank moderner Schmerztherapie wird glücklicherweise fast nie mehr qualvoll gestorben. Die meisten Menschen entschlafen sanft. Schmerztherapie und Sedativa auf unterschiedlichem Niveau, zeitlich angepasst an die individuellen Bedürfnisse des Patienten, führen nicht nur zu ausreichender Linderung der Schmerzen, sondern nehmen dem Patienten auch die Angst vor dem Tod. Wie in einer Vielzahl von Studien zum Effekt der der Palliativmedizin nachgewiesen, schwinden Verzweiflung, Suizidalität und Sterbewunsch (aktuelle Literaturübersicht bei European Association for Palliative Care 2015).

Und dennoch: in der Debatte um Tötung auf Verlangen wird regelmäßig das Argument vom »qualvollen Tod« bemüht (Hintze 2014). Immer häufiger machen lockere Sprüche die Runde, wie etwa » Sterben macht mir gar nichts aus, ich möchte bloß nicht dabei sein!« Wie ist es zu erklären, dass gerade heute, vor dem Hintergrund einer effektiven palliativen Therapie am Lebensende, die Sorge vor unerträglichem Leiden, vor dem qualvollen Tod, den man nicht erleben will, allgegenwärtig ist?

Zur Klärung dieser Frage gilt es zu prüfen, nach welchen Kriterien Zustände als erträglich oder eben als unerträglich empfunden werden. Objektive Kriterien hierzu zu finden, ist fast unmöglich. Aber auf subjektiver Ebene ist es sicher von zentraler Bedeutung, ob ein Zustand als sinnlos oder aber als sinnvoll empfunden wird. Die körperlichen Leiden eines Marathonläufers z.B. würden die meisten von uns als unerträglich empfinden. Für den Sportler dagegen stellen sie einen Teil seiner Berufung als Hochleistungssportler dar und er wird sich diesen beinahe unmenschlichen Strapazen immer wieder aussetzen. Beim Patienten, der sein Leben in allen Facetten akzeptieren kann und das Leben immer als lebenswert und als Geschenk empfindet, werden auch schwierige Phasen im Verlauf seines Lebens eher als erträglich empfunden werden. Wer das Leiden als Bestandteil jedes Lebens anerkennt, ja in der »Nachfolge Christi« fest an die Bedeutung der Passion glaubt, hat es mit einer positiven Einstellung zum Leiden leichter, dem wird Leiden eher erträglich. Wenn andererseits ein Patient und sein Umfeld Leiden generell als sinnlos betrachten, dem Leben, vom Leid geprüft, die »Qualität« absprechen, es gar als »unwert« charakterisieren, fällt es schwer, eine positive Einstellung zum Leid zu gewinnen. Dann wird jeder Tag als sinnlose »Lebensverlängerung« eingestuft, folgerichtig fast jede Art von Beschwerden als unzumutbar und jeder Therapieversuch als aussichtslos empfunden.

Zusammengefasst kann man sagen, dass gewissermaßen eine »Leid«-Kultur darüber entscheidet, ob Leiden als eher erträglich oder unerträglich empfunden wird. Dem Patient und der Gesellschaft ist es natürlich freigestellt, welche »Leid«-Kultur sie entwickeln. Ein Arzt aber darf niemals seine Bemühungen das Leid zu lindern beenden, niemals Leid als sinnlos einstufen oder gar eine Unterscheidung zwischen lebenswert und lebensunwert treffen. Er würde sich sonst zum »Erlöser« vom Leid, zum Herrscher über Leben und Tod aufspielen! Denn, würde er Leiden als sinnlos einstufen, wäre es nur logisch, statt des Leidens den Leidenden zu eliminieren.

3. Geduld mit dem Leiden

Nun werden immer wieder die extremen Ausnahmefälle beschworen, die letztlich doch das Tötungsverbot des Arztes zu relativieren scheinen. Schon der Begleittext von »Ich klage an« von Regisseur Liebeneier thematisiert diese Frage: »Der Tobis-Film ›Ich klage an‹ behandelt in einer ergreifenden Spielfilmhandlung die Frage, ob der Arzt in besonderen Ausnahmefällen berechtigt sein soll, einem unheilbar Kranken auf dessen Wunsch hin seine Qualen zu verkürzen« (Liebeneier 1941b).

Fast identisch formuliert es der ehemalige Vorreiter der Palliativmedizin in Deutschland Prof. Gian Domenico Borrasio, der jetzt in seinem umstrittenen »Münchner Modell« aus dem Jahr 2014 ärztlich assistierten Suizid in »Extremsituationen« befürwortet: »Es ist wissenschaftlich längst belegt, dass es auch bei bester Palliativversorgung Menschen gibt, die mit Berechtigung sagen ›Das, was mir noch bevorsteht, möchte ich nicht erleben‹«(Borrasio 2014). Aus der Sorge seines Patienten vor einem »qualvollen« Tod, leitet Borrasio eine Verpflichtung des Arztes ab, dem Patienten beim Suizid beizustehen. Bemerkenswert ist dabei, dass der berühmte

Palliativmediziner bereit ist, das komplette Versagen seiner Bemühungen, Leid zu lindern und Zuversicht zu spenden, einzugestehen. Zu welchem Zeitpunkt, frägt man sich, verliert er die Geduld mit seinem Patienten und dessen immer wieder geäußerten Zweifeln am Sinn des Lebens, seinem ständig wiederholten Sterbewunsch? Nicht nur Borrasio sondern auch die Gesellschaft insgesamt, so scheint es, hat die Geduld mit den Sterbenden verloren. Entsprechend titelte die Bild-Zeitung nach einer Talkshow mit Maybrit Illner: »Die Gesellschaft verliert Geduld mit dem Sterben«. Statt aber mit den Mitteln der Palliativmedizin ein Bollwerk gegen diese Ungeduld mit den Sterbenden aufzubauen und den Patienten wie mit einem Mantel (Pallidum) zu schützen, könnte auch die Palliativstation für den Menschen in seiner letzten Lebensphase zu einer tödlichen Gefahr werden, sollte sich das »Münchner Modell« durchsetzen.

4. Selbstbestimmung und »sinnlose« Lebensverlängerung

Der zentrale Vorwurf an die Ärzte in der aktuellen Debatte ist, dass sie mit ihrer Tätigkeit – speziell im Rahmen der Intensivtherapie – zu einer »sinnlosen« Verlängerung des Lebens beitragen. Intensivmedizinische Maßnahmen, die nicht zu einer »Restitution ad Integrum«, also zur Heilung, führen werden als sinnlos und unnötige Qual für den Patienten angesehen.

Ganz grundsätzlich würde wohl aber niemand Lebensverlängerung schlechthin als negativ bezeichnen. Im Gegenteil: Die ständig steigende Lebenserwartung wird als zivilisatorischer Fortschritt gerühmt und die Bestrebungen gehen dahin, diesen Fortschritt weltweit zu etablieren. Das Internet ist voll von Ratschlägen, wie man individuell dazu beitragen kann, seine individuelle Lebensspanne zu erweitern (Wagner 2015).

Vor diesem Hintergrund muss man fragen, wann genau, ab welchem Zeitpunkt, denn nun eine Lebensverlängerung als »sinnlos« zu bewerten sei? Unbestritten bleibt doch die Tatsache: »Mors certa, hora incerta«. Uns ist der Tod gewiss, der Todeszeitpunkt aber bleibt ungewiss. Können wir also angesichts dieser Tatsache einschätzen, wie lange eine erstrebte Lebensverlängerung anhält und wann eine möglicherweise unnötige Lebensverlängerung beginnt?

In diesem Zusammenhang spielt die Frage der Selbstbestimmung eine wichtige Rolle. Die aktuelle Debatte und frühere Diskussionen z.B. zur Frage der Patientenverfügung legen nahe, dass eine Lebensverlängerung zum Zeitpunkt des Verlusts der Selbstbestimmung als unnötig empfunden wird. Schon die Sorge um einen solchen Verlust lässt das Leben sinnlos erscheinen und jeden weiteren Tag als unnötige Verlängerung. So beging der berühmte Playboy und Fotograph Gunther Sachs schon angesichts eines möglichen, zukünftigen Verlusts seiner Selbstbestimmung im Rahmen eines noch gar nicht diagnostizierten Morbus Alzheimer Selbstmord. In seinem Abschiedsbrief schreibt er: »Der Verlust der geistigen Kontrolle über mein Leben wäre ein würdeloser Zustand [...]« (Sachs 2011)

Es ist nicht verwunderlich, dass die Selbstbestimmung in der Sterbephase in der aktuellen Diskussion eine ganz zentrale Rolle spielt, wird doch die Selbstbestimmung im internationalen Diskurs zunehmend in den Rang eines unveräußerlichen Menschenrechts gehoben – und das natürlich mit einer gewissen Berechtigung. Ist doch Selbstbestimmung die Realisierung menschlicher Freiheit. Doch wie belastbar ist die Vorstellung einer uneingeschränkten Autonomie des Menschen? Man muss nicht Geburt und Tod, Kindheit und Krankheit bemühen, um sich die Fremdbestimmung des Menschen vor Augen zu führen? Uneingeschränkte Autonomie ist auch in den unterschiedlichen Beziehungen des Menschen in Ehe, Familie und Gesellschaft nicht umsetzbar. In freier Entscheidung geben wir in unserem Leben nicht nur Autonomie sondern auch Verantwortung ab. Ja, gerade die Anerkennung unserer Grenzen ermöglicht uns Freiheit im verbliebenen frei verantwortbaren Raum.

Gerade am Lebensende angesichts der radikalen Endlichkeit des menschlichen Lebens wird offensichtlich, wie beschränkt die menschliche Autonomie ist. Absurd eigentlich, gerade in dieser Phase uneingeschränkte Selbstbestimmung einzufordern. Fehlt doch die entscheidende Voraussetzung für Selbstbestimmung, nämlich die Möglichkeit einer freien Entscheidung zwischen Alternativen. Diese ist wegen der Ungewissheit der Verhältnisse nach dem Tode offensichtlich nicht möglich. Mehr noch, die Entscheidung für den Selbstmord hat eine radikale, irreversible Entäußerung der Selbstbestimmung zur Folge und straft so der Forderung des Selbstmörders nach Anerkennung seiner Selbstbestimmung Lügen. Die viel bemühte Vorstellung vom »Freitod«, einer selbst bestimmten, frei verantworteten Entscheidung zum Selbstmord, muss also vom Arzt kritisch hinterfragt werden.

5. Selbstbestimmter Sterbewunsch oder Depression

Für den Arzt gilt es sorgfältig zu prüfen, wie autonom ein Sterbewunsch ist. Ganz offensichtlich liegt dem Sterbewunsch ja eine Verzweiflung an der aktuellen Lebenssituation zugrunde. Menschen geraten im Laufe ihres Lebens häufig in diesen Zustand, der in der Medizin als Depression bezeichnet wird. Depressionen sind so häufig, dass manche sie der Kategorie einer »Volkskrankheit« zuordnen. Im fortgeschrittenen Alter leiden an dieser Erkrankung ca. 15% der Bevölkerung. Depressive Menschen haben zu 100% einen Sterbewunsch, 50% verüben einen Selbstmordversuch. Tragischerweise verläuft der Suizid bei 15% der an einer Depression Erkrankten erfolgreich (aktuelle Literatur bei Stiftung Deutsche Depressionshilfe 2015).

Depressionen sind potentiell heilbar vorausgesetzt, es gelingt den Selbstmord zu verhindern. Suizidprävention ist deshalb das zentrale Bestreben und die adäquate ärztliche Maßnahme, um auf Depression und Sterbewunsch zu reagieren. Es gilt zunächst, die Depression als Ursache für den Sterbewunsch zu diagnostizieren. Dann stehen eine Vielzahl von therapeutischen Mittel zur Verfügung, um dem depressiven Menschen zu helfen, nicht am Leben zu verzweifeln und den

Sterbewunsch fallen zu lassen. Internationale und nationale Gesellschaften zur Suizidprävention und Studien, Selbsthilfegruppen zielen alle darauf ab, immer weiter die Diagnose und Therapie zu verbessern, die den depressiven Menschen vor dem Selbstmord bewahren sollen. Jedes Jahr wird seit dem Jahr 2003 der Welttag der Suizidprävention begangen (International Association of Suicide Prevention 2015). In diesem Sinne hat auch die Deutsche Depressionshilfe eine bundesweite Plakatkampagne gestartet. Auf nicht weniger als 1,6 Millionen Plakate verbreitet der Schirmherr Harald Schmidt Zuversicht: »Depression ist behandelbar« (Schmidt 2015)

Angesichts dieser medizinischen Erkenntnisse wäre es ganz offensichtlich absurd, wenn ein Arzt anstatt Hilfe zur Therapie der Depression und Suizidprävention lediglich Respekt für den »selbst bestimmten« Sterbewunsch seines Patienten äußern würde. Und ganz offensichtlich widerspräche die Unterstützung beim Selbstmord auf dramatische Weise seinem Auftrag des *Primum nihil nocere*. Sonst müsste ja ein Arzt auch dem »selbst bestimmten« Wunsch eines Alkoholsüchtigen nach Alkohol Folge leisten und die junge Patientin mit Magersucht beim Nahrungsentzug unterstützen! Und welcher noch so spezialisierte Arzt könnte mit letzter Sicherheit ausschließen, dass selbst ein noch so überzeugend vorgetragener, selbstbestimmter »Bilanzsuizid« nicht doch depressive Wurzeln hat und könnte so die Verantwortung für den irreversiblen Schritt einer Tötung seines Patienten übernehmen? Der vielfach bemühte Allgemeinarzt mit engem Kontakt zum Patienten mit Sterbewunsch wäre allemal überfordert.

6. Gewissensfreiheit, die Selbstbestimmung des Arztes

Ganz grundsätzlich hat natürlich die eigene Selbstbestimmung ihre Grenze an der Selbstbestimmung des anderen. Zum Schutz des Arztes stellen die Grundsätze der Bundesärztekammer zur Sterbebegleitung klar: »Die Mitwirkung des Arztes bei der Selbsttötung ist keine ärztliche Aufgabe« (Bundesärztekammer 2011), Grundsätze, die unter der Leitung des Präsidenten der Bundesärztekammer Prof. Dr. Frank Ulrich Montgomery kürzlich unmissverständlich von allen Präsidenten der Landesärztekammern bekräftigt wurden (Fricke 2014).

Vor diesem Hintergrund kommt es in der aktuellen Debatte einer ziemlich dreisten Zumutung gleich, den Ärzten eine Legalisierung der Sterbehilfe als eine Erleichterung ihrer Tätigkeit anzudienen. Ganz im Gegenteil sollte man die Ärzte in ähnlicher Weise schützen, wie dies in den katholischen Krankenhäusern in den USA geschieht. Diese Krankenhäuser werben mit dem dreifachen »no kill«: »We do not kill your parents, even if you ask us to do so. We do not kill your child, even you ask us to do so. And, we do not kill you, even if you ask us to do so.« (Haas 2015)

7. »Therapieabbruch« oder Änderung des Therapieziels

Immer wieder wird die Meinung vertreten, dass eine Legalisierung des assistierten Suizids oder der Tötung auf Verlangen eine notwendige Folge der ausufernden Möglichkeiten der Intensivmedizin sei. Dem Arzt müsse eine sichere Grundlage zum »Abbruch« intensivmedizinischer Maßnahmen an die Hand gegeben werden. Dem ist natürlich nicht so: Die Beendigung einer kurativ ausgerichteten Intensivmedizin bedeutet ja in aller Regel nichts anderes als eine Änderung des Therapieziels. Änderungen einer speziellen Art der Therapie und eines Therapieziels sind Maßnahmen, die zur alltäglichen ärztlichen Routine gehören. Maßnahmen, die notwendig sind, wenn es der Krankheitsverlauf erfordert. Beendigung der Intensivmedizin oder Verzicht auf eine weitere Eskalation intensivmedizinscher Maßnahmen angesichts einer ungünstigen Prognose sind deshalb nicht als »Therapieabbruch« zu werten, sondern als Änderung des Therapieziels mit Beginn einer intensiven Versorgung des Patienten mit den Mitteln der Palliativmedizin.

Weiterhin wird häufig postuliert, dass Palliativtherapie nicht von aktiver Sterbehilfe, also Tötung des Patienten, zu unterscheiden sei. Diese Sorge ist nicht berechtigt. Selbst wenn es bei den therapeutischen Maßnahmen, wie etwa einer Morphin-Medikation, Überschneidungen gibt, unterscheiden sich die Therapieziele ganz eindeutig: das Ziel der Palliativtherapie ist das Wohlbefinden des Patienten, Tötung auf Verlangen zielt dagegen lediglich auf den schnellen Tod des Patienten. Im angelsächsischen Sprachraum heißt es treffend für die Palliativmedizin: »kill the pain, and not the patient« und für die Assistenz beim Suizid: »kill the patient and not the pain«. Was die Prognose angeht, kann die Palliativtherapie sowohl durch effektive Linderung der Beschwerden das Leben verlängern als auch durch die Nebenwirkungen der Schmerztherapie zum Sterben beitragen. Im Rahmen seiner Bemühungen, seinem Patienten mit einer effektiven Schmerztherapie zu helfen, darf und muss der Arzt diese Nebenwirkung in Kauf nehmen. Wenn er sorgfältig seinen Heilauftrag erfüllt, sollte er bescheiden sein und sich nicht für die Folgen seiner uneingeschränkten Bemühungen für den Patienten verantwortlich wähnen.

8. Sozioökonomische Hintergründe

Es besteht eine generelle Sorge, dass die Kosten für das Gesundheitswesen und in der Pflege bald außer Kontrolle geraten und deshalb dringend kontrolliert werden müssen. Als zentrale Ursache für die »Kostenexplosion« wird der demographische Wandel mit einer Zunahme an Menschen in höherem Alter und steigenden Pflegebedürftigkeit speziell solcher mit dementiellen Erkrankungen angesehen. Angesichts scheinbar nicht mehr tragbaren finanzieller Belastungen, findet ganz besonders in der Sterbephase eine Ökonomisierung statt. Auch die Medizinethik geht zunehmend von einer uneingeschränkten Fürsorge für den Einzelnen zu einer staats-utilitaristischen Sorge um das Gemeinwohl über. Den Bürgern wird ein »sozialverträgliches Ableben« nahe gebracht. Der Mensch im unproduktiven, höheren Alter wird zum »selbstbestimmten Freitod« angestiftet. Mittel hierzu sind eine Verknappung der Versorgung im Alter, das Schüren einer Paranoia vor den »unerträglichen« Beschwerden des Alters und einem »qualvollen« Tod. Um dem solchermaßen vorbereiteten Staatsbürger den Weg ins »sozialverträgliche Ableben« zu erleichtern, ist nur noch eine kompetente Berufsgruppe für die professionelle Ausführung der Tötung von Nöten. Der enge Angehörige qualifiziert hierzu nicht, die Sterbehilfeorganisation steht im Verdacht, ausschließlich profitorientiert zu arbeiten und so ist schnell der ärztliche Berufsstand für diese Aufgabe ausgemacht.

Der Arzt der sich einer rein materiell utilitaristischen Ethik verpflichtet fühlt, ist vor diesem Hintergrund erpressbar. Er beugt sich der Forderung, seine Ressourcen »sinnvoll«, nötigenfalls auch auf Kosten seines »unproduktiven« Patienten einzusetzen. Für diese Menschen bietet sich statt aufwendiger Versorgung als schnelle, kostengünstige Lösung der »selbstbestimmte« Suizid an. Ist der Arzt erst einmal bereit, das utilitaristische Menschenbild zu übernehmen, und seinen Patienten nicht in allen Phasen als gleichwertiges Subjekt zu betrachten, ist er vorbereitet zur Stigmatisierung des »unproduktiven« Alterns als letztlich unwerten Lebens. Dann ist die Schwelle niedrig unter Missachtung des *Primum nihil nocere*, die Tötung seines Patienten zu unterstützen oder gar selbst auszuführen. In der Art eines Kindersoldates wird er durch eine solche erste Tötung eines Patienten seine Unschuld verlieren und damit noch verletzlicher für weitere Erpressungen werden. Im Weiteren hat er sich vor der Gesellschaft und sich selbst für die Unterstützung seines alten, sterbenden Patienten zu rechtfertigen. Nicht nur für Patienten und Gesellschaft auch für ihn selbst verschwimmt seine Rolle zwischen dem bedingungslosen Helfer seines Patienten zu einem Henker im Auftrag der Allgemeinheit.

Wohin staats-utilitaristisches Handeln Ärzte führen kann, zeigt die viel beachtete Publikation von Prof. Julian Sevalescu, Chef des Oxford Centre of Ethics (Wilkinson 2012). Die Publikation schlägt eine scheinbar bestechend einfache

Lösung für das Problem der Kostenexplosion im Gesundheitswesen und gleichzeitig für den Organmangel vor. Hat der Arzt erst einmal die Aufgabe der Tötung seines Patienten übernommen, sollte er nach Meinung von Sevalescu auch dafür Sorge tragen, dass die wertvollen Organe sterbewilliger Patienten der Gesellschaft nicht verloren gehen und sicher stellen, dass sein Patient zum Organspender wird. Wer das für den Scherz eines unverbesserlichen Utilitaristen hält, wird schnell eines Besseren belehrt. In Belgien und den Niederlanden wurden schon vor der Publikation mehrere dieser Fälle ganz öffentlich praktiziert. Zum Beispiel wurde bei einer erst 43-jährigen, ganz offensichtlich infolge eines Schlaganfalls depressiven Patientin von zwei ärztlichen Teams erst Beihilfe zum Selbstmord geleistet, woraufhin dann die Organe entnommen wurden. Die Wochenzeitung »Die Zeit« feierte dies als »Weltpremiere« (Keller 2011).

9. Ars moriendi, die Kunst des Sterbens

Seinen Heilauftrag kann und muss der Arzt bis zum Lebensende erfüllen. Wichtig ist dabei, dass er die Kunst der Sterbebegleitung, die *Ars moriendi*, beherrscht. Eine praxistaugliche, hoch aktuelle Anleitung für eine gelungene Sterbebegleitung steht schon seit dem frühen christlichen Mittelalter zur Verfügung. Der Begriff *Ars moriendi* taucht erstmals in Anselm von Canterburys »Admonitio morienti« im frühen 12. Jahrhundert auf. Im weiteren Verlauf wurden im Mittelalter eine Vielzahl von teils ausgiebig illustrierten Schriften zur *Ars moriendi* hergestellt (einsehbar im digitalisierten Original Universitätsbibliothek Köln)

Diese Schriften enthalten Anleitungen nicht nur für den Umgang mit Sterbenden, sondern ganz besonders auch Anweisungen, die geeignet sind, die Kunst des Sterben, schon zu Lebzeiten einzuüben. Speziell für den Arzt ist es von Bedeutung, sich zeitlebens intensiv mit Sterben auseinander zu setzen, und so eingeübt zu sein, die *Ars moriendi* zu beherrschen. Angesichts der Endlichkeit des Lebens seines Patienten ist der Arzt nämlich selbst betroffen und den gleichen »Anfechtungen« wie sein Patient ausgesetzt. Fünf solcher »Anfechtungen« von zeitloser Aktualität werden in der *Ars moriendi* beschrieben (im Originaltext bei Atelier Leonhardt).

Als christliche Botschaft konzipiert, ist es wenig überraschend, dass der fehlende Glaube als erste »Anfechtung« angeführt wird. »Die erste Anfechtung ist im Glauben, denn der Glaube ist alles Heiles und aller guten Dinge Fundament«. Gerade in den modernen säkularen Gesellschaften wird ganz offensichtlich, dass Menschen mit einer festen Verankerung im Glauben große Vorteile in der Sterbephase genießen. In einer rapide zunehmende wissenschaftlichen Literatur werden unter dem Stichwort »spiritual care« die Vorteile einer transzendentalen Verankerung von Patienten generell und ganz besonders in der Sterbephase neu entdeckt und nachgewiesen (Büssing 2015). Gelebte Spiritualität eines Patienten und die spirituelle Unterstützung eines Patienten korrelieren signifikant mit einem besseren Krankheitsverlauf und besseren Ergebnissen der Palliativtherapie in der Sterbephase. Und auch der Arzt, der im Glauben gefestigt, an ein Leben nach dem Tod glaubt und bescheiden die Grenzen des Diesseitigen anerkennt, wird die *Ars moriendi* leichter erlernen, als sein Kollege, der die Vorstellung vom Spirituellem strikt ablehnt.

Die zweite Anfechtung in der *Ars moriendi* überrascht: »Die andere (zweite) Anfechtung ist Verzweiflung. Die ist gegen das Hoffen und Vertrauen, das der Mensch zu Gott haben soll. Die Übel der Vergangenheit sind Schaden nicht, sofern sie nicht gefallen (man sie bereut). Es ist allein die Missetat der Verzweiflung, die niemals zu heilen vermag,« Nicht die »Übel der Vergangenheit«, die noch zu sühnen sind, sondern die Verzweiflung, das fehlende Vertrauen in Vergebung und Barmherzigkeit, stehen einer gelungenen Sterbephase im Wege. Auch der Arzt ist der »Missetat« der Verzweiflung ausgesetzt angesichts des scheinbaren »Versagens« seiner therapeutischen Bemühungen. Statt vertrauensvoll den Patienten zu begleiten, hindert die Verzweiflung den

Arzt daran, geduldig mit zu leiden und macht ihn in seiner verzweifelten Ungeduld zu allem fähig. Statt den Patienten geduldig mit den ihm verbliebenen Mitteln der Palliativtherapie zu versorgen, spielt er sich als Erlöser von allem Leid auf. Ja, er entledigt sich seiner eigenen Verzweiflung angesichts der Endlichkeit des Lebens durch die Tötung seines Patienten!

Zur Verzweiflung gesellt sich die dritte Anfechtung: die Ungeduld. »[...] da doch jeder durch Geduld sein Heil findet und behält und durch Ungeduld die Seele verdammt wird«. In der Tat scheint die moderne Gesellschaft die Geduld mit dem Sterben verloren zu haben (s.o.). Eine auf ökonomischen Erfolg ausgerichtete »moderne« Medizin hat keine Geduld, keine Zeit für den Sterbenden. »Lohnt sich das noch« ist eine Frage, die nicht nur auf den Wert der medizinischen Maßnahmen, sondern ganz konkret den Wert des Patienten zielt. Dem utilitaristischen Menschenbild, das den Wert eines Menschen ausschließlich an seinem Beitrag zum Mehrwert der Gesellschaft bemisst, widerspricht Geduld. Ein solches Menschenbild fordert ganz im Gegenteil für den alten, hilfsbedürftigen Menschen statt geduldiger Sterbebegleitung eine schnelle, eine kostengünstige Lösung durch den frühzeitigen Tod.

Die vierte Anfechtung ist die Selbstgefälligkeit: »Wenn er (der Teufel) ihn nicht vom Glauben abbringen und zur Verzweiflung und zur Ungeduld bringen kann, so ficht er ihn mit Selbstgefälligkeit an.« Ist es nicht dieser Hochmut, der viele Menschen in den Selbstmord treibt. So schreibt der Theologe Prof. Hans Küng: »Also der sichere Terminus, wo es für mich klar wäre (*Selbstmord zu begehen*), wäre das, wenn ich irgendwelche Zeichen von Demenz spüre.« (Küng 2014). Natürlich ist auch der Hochmut des Arztes eines der zentralen Probleme in der Sterbephase. Verleitet der Hochmut den Arzt doch zur Maßlosigkeit, er wählt sich den Tod zum Feind. Angesichts der natürlichen Endlichkeit des Lebens in der Sterbephase muss er scheitern. Statt bescheidener Anpassung seiner Therapieziele in Richtung palliativer Therapie spielt er sich zuletzt zum selbstherrlichen Herrscher über Leben und Tod seines Patienten auf.

Die fünfte Anfechtung ist uns geläufig: »Wenn einer gut und sicher sterben will, der soll alle zeitlichen und äußerlichen Dinge gänzlich von sich legen.« Die Sorge um das Materielle beherrscht schon immer das Sterben. Nicht selten führt das nahende Ende dazu, dass die finanziellen Konflikte des Lebens gelöst werden. Der Sohn versöhnt sich mit dem Vater, Familien finden am Sterbebett zur Harmonie zurück. Angesichts der Endlichkeit des Zeitlichen werden die materiellen, diesseitigen Konflikte klein. Aber auch das Gegenteil kann geschehen und eine harmonische Ars moriendi schwer belasten. Erbstreitigkeiten sind ein Teil davon. Subtiler aber ist die Selbststigmatisierung des unheilbar Kranken. Die Vorstellung, den Nachkommen, der Gesellschaft allgemein unnötig finanziell zur Last zu fallen. Der Arzt der sich einer rein materiellen Ethik verpflichtet fühlt, wird ebenfalls offen sein für die Frage, ob sich »das Alles noch lohnt«, ob Ressourcen nicht besser am Sterbenden eingespart und lohnender am produktiven Menschen eingesetzt werden sollten. Eine utilitaristische Anthropologie ist mit einer harmonischen *Ars moriendi* unvereinbar.

Zusammenfassung

Eine differenzierte Betrachtungsweise der Frage, warum Ärzte nicht töten dürfen, offenbart, dass eine Tötung nicht nur seinem Patienten Schaden zufügt, also auf gravierende Weise das *Primum nihil nocere* verletzt, sondern auch in besonderem Maße für den Arzt schädlich ist. Ist doch der Tötungsakt Ausdruck eines völligen Versagens seiner ärztlichen Kunst, eine Kapitulation vor den privilegierten Möglichkeiten des Arztes, einem Menschen in Not zu helfen. Gerade beim unheilbar Kranken und im Sterbeprozess kann und muss der Arzt alle seine Kernaufgaben erfüllen. Als Palliativmediziner effektiv das Leiden lindern, dem Patienten versichern, dass er geduldig an seiner Seite bleiben wird und so

Zuversicht und Hoffnung vermitteln. Ja, auch Heilung ist im Sterbeprozess möglich: akzeptiert der Arzt bescheiden die Endlichkeit des Lebens und geduldig die natürlichen Grenzen seines Tuns, dann kann er auch in der Sterbephase als Heiler tätig werden. Er kann auf diese Weise sogar dem Patienten helfen, gesund zu werden: Gesundheit im Sinne von Paracelsus, nämlich der Harmonie der Seele.

Literatur

Anselm von Canterbury, Admonitio morienti http://quod.lib.umich.edu/cgi/m/mec/hyp-idx?type=byte&byte=4218636. (zuletzt eingesehen am 30.8.2015)

Atelier Leonhardt, Ars moriendi: der Originaltext http://www.atelierleonhardt.de/transkription.htm (zuletzt eingesehen am 30.8.2015)

Bauer, Axel W.: Der Hippokratische Eid. Medizinhistorische Neuinterpretation eines (un)bekannten Textes im Kontext der Professionalisierung des griechischen Arztes, in: Zeitschrift für medizinische Ethik 41 (1995) 141-148.

Borasio, Gian Domenico et al Selbstbestimmung im Sterben – Fürsorge zum Leben Ein Gesetzesvorschlag zur Regelung des assistierten Suizids, http://blog.kohlhammer.de/wp-content/uploads/Pressemitteilung_Gesetzesvorschlag_assist_Suizid.pdf (zuletzt eingesehen am 30.8.2015)

Büssing, Arndt et al Spiritual Needs of Polish Patients with Chronic Diseases, in: Journal of Religion and Health 2015; 54(5): 1524–1542.

Bundesärztekammer, Grundsätze der Bundesärztekammer zur ärztlichen Sterbebegleitung, in: Deutsches Ärzteblatt 2011; 108(7): A-346-348

European Association for Palliative Care 2015: Aktuelle Literaturübersicht unter http://www.eapcnet.eu/ (zuletzt eingesehen am 30.8.2015)

Fiedler, Georg. Suizide in Deutschland 2013, www.agus-selbsthilfe.de/uploads/txskpdfviewer/2015_Suizidzahlen_fuer_2013.pdf (zuletzt eingesehen am 30.8.2015)

Fricke, Anno Ärztekammern geschlossen gegen Sterbehilfe, ÄrzteZeitung online, 12.12.2014 www.aerztezeitung.de/ politikgesellschaft/ sterbehilfebegleitung/article/875541/aerztekammern-geschlossen-sterbehilfe.html (zuletzt eingesehen am 30.8.2015)

Haas, John, 2015 National Catholic Bioethic Center, Philadelphia, USA, pers. Mitteilung.

Hintze, Peter Debatte zur Sterbehilfe: Hintze fürchtet Zwang zum »Qualtod«, NTV 13. 11. 2014 www.n-tv.de/politik/Hintze-fuerchtet-Zwang-zum-Qualtod-article13954981.html(zuletzt eingesehen am 30.8.2015)

Hufeland, Christoph, Wilhelm Enchiridion medicum oder Anleitung zur medizinischen Praxis, 3. Auflage, Berlin: Jonas, 1837. S. 898

Illner, Maybrit, Gesellschaft verliert Geduld mit dem Sterben, BILD Online, 3.10.2014 www.bild.de/politik/inland/sterbehilfe/talk-bei-illner-37996908.bild.html (zuletzt eingesehen am 30.8.2015)

International Association of Suicide Prevention, 2015 Welttag der Suizidprävention https://suizidpraevention.wordpress.com/(zuletzt eingesehen am 30.8.2015)

Keller, Martina, ZEIT ONLINE, 24. 10. 2011, Carine 43, lässt sich töten. www.zeit.de/2011/43/DOS-Euthanasie (zuletzt eingesehen am 30.8.2015)
Küng, Hans. Glücklich Sterben? Piper Verlag 2014
Liebeneiner, Wolfgang (1941a), »Ich klage an« in voller Länge *www.youtube.com/watch?v=P1t2ayEFXts* (zuletzt eingesehen am 30.8.2015)
Liebeneiner, Wolfgang (1941b), Begleittext zum Film »Ich klage an« zitiert aus de.wikipedia.org/wiki/Ich_klage_an_%281941%29(zuletzt eingesehen am 30.8.2015)
Sachs, Gunter, Der bewegende Abschiedsbrief, Bild-Zeitung, 8.5.11, www.bild.de/unterhaltung/leute/gunter-sachs/er-dankt-seiner-frau-seiner-familie-seinen-freunden-17801532.bild.html (zuletzt eingesehen am 30.8.2015)
Schmidt, Harald / Stiftung Deutsche Depressionshilfe, www.deutsche-depressionshilfe.de/stiftung/11107.php (zuletzt eingesehen am 30.8.2015)
Stiftung Deutsche Depressionshilfe, www.deutsche-depressionshilfe.de (zuletzt eingesehen am 30.8.2015)
Universitätsbibliothek Köln, Ars moriendi, Illustrierten Schriften im Original www.ub.uni-Koeln.de/cdm/compoundobject/collection/inkunabeln/id/1917/rec/ (zuletzt eingesehen am 30.8.2015)
Wagner, Beatrice (2011), Die 10 fantastischsten Methoden der Lebensverlängerung http://www.zehn.de/die-10-fantastischsten-methoden-der-lebensverlaengerung-6568630-0 (zuletzt eingesehen am 30.8.2015)
D. Wilkinson and J. Savulescu, Should we allow organ donation euthanasia? Alternatives for maximizing the number and quality of organs for transplantation, in: Bioethics 2012 January; 26(1): 32–48

Manfred Spieker

Suizidbeihilfe?

Fragen an die Gesetzentwürfe zum assistierten Suizid im Deutschen Bundestag

Die gegenwärtige Debatte über die Legalisierung der Suizidbeihilfe speist sich aus zwei Quellen. Zum einen erregten Organisationen und Personen Anstoß, die Suizidbeihilfe mit der Begründung anboten, sie sei rechtlich erlaubt und man müsse verhindern, dass Patienten, die Suizidbeihilfe wünschen, genötigt würden, ins Ausland zu fahren. Zum anderen sei es das Selbstbestimmungsrecht eines Patienten, eine solche Beihilfe zu verlangen. Dies solle nun nach vielen kontroversen Debatten auch rechtlich klargestellt werden. Ein frei verantwortlicher Suizid sei, so Bettina Schöne-Seifert in einem Plädoyer für eine Liberalisierung der Suizidhilfe, »seit mehr als 250 Jahren rechtlich zulässig«. Ebenso seien bisher »auch Hilfe und Begleitung durch andere« zulässig.[1] Die Rede von der rechtlichen Zulässigkeit des Suizids ist jedoch missverständlich, um nicht zu sagen irreführend. Die Straflosigkeit des Suizids bedeutet nicht, dass er »rechtlich zulässig« wäre. Sie bedeutet nur, dass er sich der rechtlichen Normierung entzieht, weil es bei einem »Erfolg« des Suizids niemanden mehr gibt, der rechtlich belangt werden könnte, während im Falle eines Misserfolgs – und 90% aller Suizidversuche enden ohne den Tod des Suizidenten – davon ausgegangen wird, dass dem Betroffenen mit einer Strafverfol-

---

[1] Bettina Schöne-Seifert, Wenn es ganz unerträglich wird, Plädoyer für die Liberalisierung der Suizidhilfe, in: FAZ vom 6.11.2014, S. 13.

gung nicht geholfen sei. »Selbstmord ist nicht ein ›Recht‹, sondern eine Handlung, die sich der Rechtssphäre entzieht.«[2]

1. Die vier Gesetzentwürfe

Im Sommer 2012 wollte die damalige Justizministerin Sabine Leutheusser-Schnarrenberger (FDP) durch einen neuen §217 StGB die »gewerbsmäßige« Suizidbeihilfe verbieten. Der Vorschlag hätte fatale Folgen gehabt: das Verbot hätte zum einen den Eindruck erweckt, Suizidbeihilfe sei nur deshalb verwerflich, weil mit ihr ein Einkommen erzielt wird und es hätte zum anderen diese Beihilfe durch Ärzte, Angehörige und gemeinnützige Vereine legalisiert, um nicht zu sagen privilegiert. Mit dem Ende der Legislaturperiode 2013 erledigte sich der Vorschlag. Im Sommer 2014 kam die Debatte erneut in Gang. Nach einer Grundsatzdebatte über die Problematik des assistierten Suizids am 13. November 2014 diskutierte der Bundestag am 2. Juli 2015 in einer ersten Lesung vier Gesetzentwürfe von fraktionsübergreifenden Abgeordnetengruppen:

1. den Entwurf von Michael Brand (CDU)/Kerstin Griese (SPD) u.a., der neben den Sterbehilfevereinen auch »geschäftsmäßige«, das heißt auf Wiederholung angelegte Suizidbeihilfe von Einzelpersonen im Strafgesetzbuch verbieten, die Suizidbeihilfe von Angehörigen und Ärzten im Ausnahmefall dagegen erlauben möchte. Er hat die meisten Unterzeichner gefunden.
2. den Entwurf von Carola Reimann (SPD)/Peter Hintze (CDU)/Karl Lauterbach (SPD) u.a., der die ärztliche Suizidbeihilfe unter bestimmten Voraussetzungen im

---

[2] Robert Spaemann, Es gibt kein gutes Töten, in: ders./Thomas Fuchs, Töten oder sterben lassen? Worum es in der Euthanasiedebatte geht, Freiburg 1997, S. 18; ders., Die Vernünftigkeit des Tabus, a. a. O., S. 19.

Bürgerlichen Gesetzbuch als ärztliche Dienstleistung legalisieren möchte;
3. den Entwurf von Renate Künast (Bündnis 90/Die Grünen)/Petra Sitte (Die Linke) u.a., der die Suizidbeihilfe von Ärzten und nicht erwerbsmäßig handelnden Sterbehilfeorganisationen »nach Beratung« ohne weitere Beschränkungen erlauben möchte, und schließlich
4. den Entwurf von Patrick Sensburg/Thomas Dörflinger (beide CDU) u.a., der die Suizidbeihilfe in einem neuen § 217 des Strafgesetzbuches generell verbieten möchte.[3]

Neben den vier Gesetzentwürfen gab es noch einen Antrag von Katja Keul (Bündnis 90/Die Grünen), der Bundestag möge beschließen, »dass eine Änderung des Strafrechts in Bezug auf die Sterbehilfe nicht notwendig ist«, der also darauf hinauslaufen würde, dass Suizidbeihilfe von Ärzten, Angehörigen und Sterbehilfevereinen weiterhin straflos bleibt. Im November 2015 soll zwischen diesen vier Entwürfen eine Entscheidung getroffen werden.

Die Vertreter der Ärzte haben sich nach einer klaren Festlegung auf dem 114. Deutschen Ärztetag 2011 in Kiel am 12. Dezember 2014 noch einmal klar positioniert und die Behauptung zurückgewiesen, die Suizidbeihilfe sei in den standesrechtlichen Berufsordnungen der Landesärztekammern unterschiedlich geregelt. Der Präsident der Bundesärztekammer Montgomery erklärte im Namen und im Beisein aller Präsidenten der Landesärztekammern, für alle Ärzte gelte »die Verpflichtung, Sterbenden beizustehen. Diese Grundaussage wird durch zum Teil länderspezifische Formulierungen des §16 nicht in Frage gestellt. Für alle Ärztinnen und

---

[3] dipbt.bundestag.de/doc/btd/18/053/1805376.pdf;
dipbt.bundestag.de/doc/btd/18/053/1805375.pdf;
dipbt.bundestag.de/doc/btd/18/053/1805374.pdf;
dipbt.bundestag.de/doc/btd/18/053/1805373.pdf.

Ärzte in Deutschland gilt: Sie sollen Hilfe beim Sterben leisten, aber nicht Hilfe zum Sterben.« Eine ähnliche Erklärung veröffentlichte die Österreichische Ärztekammer im Dezember 2014. Das Zentralkomitee der deutschen Katholiken setzte in einer Stellungnahme vom 17. Oktober 2014 die ärztliche Suizidbeihilfe mit der aktiven Sterbehilfe gleich und forderte, an ihrem standesrechtlichen Verbot »unbedingt festzuhalten, weil nur so das hohe Vertrauensgut der Arzt-Patient-Beziehung geschützt werden kann.«[4]

Mit Ausnahme des Entwurfs von Sensburg/Dörflinger wollen alle Entwürfe die Suizidbeihilfe von Angehörigen und Ärzten legalisieren. Sie unterscheiden sich lediglich in den Voraussetzungen, die erfüllt sein müssen, um die Suizidbeihilfe zu leisten und in der Frage, ob auch Sterbehilfeorganisationen die Suizidbeihilfe leisten dürfen. Während der Entwurf Künast/Sitte die Suizidbeihilfe nur an eine vorherige ärztliche Beratung und eine Dokumentation der Beratung binden, aber weder von einem bestimmten Alter, einer unaufhaltsam zum Tode führenden Erkrankung oder einem zweiten ärztlichen Urteil abhängig machen will, sieht der Entwurf Reimann/Hintze/Lauterbach genauere Regelungen im Hinblick auf die Einwilligungsfähigkeit, die unumkehrbar zum Tode führende Erkrankung, die Beratung und das zweite ärztliche Gutachten vor. Gemeinsam ist beiden Entwürfen, dass die Suizidbeihilfe ein ärztliches Behandlungsangebot werden soll. Der Entwurf Brand/Griese geht dagegen davon aus, dass die Suizidbeihilfe von Ärzten wie von Angehörigen nur »im Einzelfall in einer schwierigen Konfliktsituation

---

[4] Zentralkomitee der deutschen Katholiken, Stellungnahme des Hauptausschusses vom 17.10.2014 »Ja zur palliativen Begleitung – Nein zur organisierten Suizidbeihilfe. Zur Diskussion um ein Verbot organisierter Beihilfe zum Suizid«, S. 9. Bei den Forderungen an den Gesetzgeber beschränkt sich das Zentralkomitee allerdings auf die Forderung eines Verbots der »organisierten Suizidbeihilfe«, die darüber hinaus von einer Verbesserung der palliativen Versorgungsstruktur abhängig sein soll (S. 16).

oder aus rein altruistischen Gründen gewährt wird« und in diesen Fällen straflos bleiben soll.

Alle Gesetzentwürfe diskutieren eine Reihe von Fragen, die für die rechtliche Regelung der Suizidbeihilfe entscheidend sind – allerdings mit unterschiedlicher Stringenz und unterschiedlichen Ergebnissen. Zu diesen Fragen gehören erstens die Frage nach der Selbstbestimmung und der Tatherrschaft beim assistierten Suizid, zweitens die Frage nach den Auswirkungen auf den Lebensschutz gerade der alten, kranken und pflegebedürftigen Menschen und drittens die Frage nach der Abgrenzung des assistierten Suizids von der Tötung auf Verlangen. Zwei weitere, hier nicht mehr erörterte Fragen im Zusammenhang mit der Suizidbeihilfe sind die Fragen nach dem Ausbau der Palliativmedizin und der Hospizdienste sowie die Frage nach der demographischen Entwicklung und der Knappheit der Ressourcen im Gesundheitswesen.

2. Das Problem der Selbstbestimmung

Wenn der Mensch in der Mitte seines Lebens und im Vollbesitz seiner Kräfte steht, neigt er dazu, auch das Sterben seinen Autonomieansprüchen zu unterwerfen. Forderungen nach einer Legalisierung des assistierten Suizids werden in der Regel mit dem Recht auf Selbstbestimmung begründet. Dieses Recht gilt als Kern der Menschenwürde. Der Mensch möchte Planungssicherheit bis zum letzten Tag seines Lebens. Aber Planungssicherheit bis zum Ende des Lebens ist eine Illusion. Der Kult der Selbstbestimmung spiegelt eine Autarkie vor, die nicht der *conditio humana* entspricht. Der Mensch ist eingebunden in vielfältige soziale Beziehungen. Er ist von Geburt an angewiesen auf andere.[5] Diese Ange-

---

[5] Giovanni Maio, Handhabbarer Tod? Warum der assistierte Suizid nicht die richtige Antwort ist, in: Herder-Korrespondenz 68 (2014) 569. Vgl. auch seinen Beitrag in diesem Band.

wiesenheit dauert bis zu seinem Tod. Die Freiheit des Menschen verwirklicht sich nicht in einer Autarkie des eigenen Ichs ohne Bezug auf Mitmenschen. Gerade die Suizidversuche zeigen diese soziale Eingebundenheit des Menschen. Sie sind in der Regel Appelle, um nicht zu sagen Hilfeschreie an die dem Verzweifelten nahestehenden Personen. Jede Selbsttötung, nicht nur eine solche, die sich grausamer, schmerzhafter oder sogenannter harter Methoden bedient, ist deshalb eine Verletzung der sozialen Beziehungen. Sie erzeugt immer Leid bei den Angehörigen.[6] Der Selbstmord, so Reinhold Schneider, dessen Vater Selbstmord beging und der selbst einen Selbstmordversuch unternahm, »scheinbar das persönlichste, nur gegen das Ich gerichtete Vergehen, ist in Wahrheit nicht auf das Subjekt beschränkt«. Wer sein eigenes Leben nicht achtet, »verletzt das Leben überhaupt und empört sich gegen den, der alles Leben gegeben hat«.[7] Deshalb kann es in der gesetzlichen Regelung der Suizidbeihilfe nicht nur darum gehen, den Suizid zu kultivieren und der Selbstbestimmung zu einem Scheinsieg zu verhelfen, bei dem das Subjekt der Selbstbestimmung ausgelöscht wird. Je mehr die Kräfte schwinden und je näher der Tod kommt, desto schärfer wird der Blick dafür, dass weniger Selbstbestimmung, als vielmehr Selbsthingabe das Wesen des Menschen ausmacht. Nicht das abgebrochene, sondern das zu Ende gelebte Sterben – an der Hand, nicht durch die Hand von Angehörigen – ist Ausdruck wahrer Selbstbestimmung. Im Sterben verwandelt sich die Selbstbestimmung zur Selbsthingabe – nicht nur für den Sterbenden, sondern auch für seine Angehörigen.[8]

---

[6] Ulrich Eibach, Beihilfe zur Selbsttötung und Tötung auf Verlangen? Eine ethische und seelsorgerliche Betrachtung, in: Zeitschrift für Lebensrecht, 1-2/2014, S. 2ff.

[7] Reinhold Schneider, Über den Selbstmord (1947), in: Andreas Krause Landt/Axel W. Bauer/Reinhold Schneider, Wir sollen sterben wollen, Waltrop/Leipzig 2013, S. 185.

[8] Josef Pieper, Tod und Unsterblichkeit, in: Werke Bd. 5, Hamburg 1997, S. 370. Vgl. dazu auch Manfred Spieker, Sterbehilfe? Selbstbestimmung und Selbsthingabe am Lebensende. Eine katholische

Suizidbeihilfe? – Fragen an die Gesetzesentwürfe

Eine in Deutschland viel beachtete Illustration dieses Perspektivenwandels war das Schicksal von Walter Jens und das Verhalten seiner Angehörigen. Mitte der 90er Jahre plädierte Jens zusammen mit Hans Küng für die aktive Sterbehilfe. Der Sterbende soll, so Jens, im Gedächtnis seiner Angehörigen als »ein Autonomie beanspruchendes Subjekt [...] und nicht als entwürdigtes, verzerrtes und entstelltes Wesen« in Erinnerung bleiben.[9] Im Alter von 80 Jahren fiel Walter Jens 2003 in eine fortschreitende Demenz. Den Zeitpunkt seinem Leben ein Ende zu machen, sagte seine Frau Inge am 2. April 2008 in einem Interview mit dem »Stern«, habe er verpasst. Aber sie berichtete auch, dass sein Leben bei aller Tragik Freude kenne, wenn auch nur über Spaziergänge mit einer Pflegerin, über eine Tafel Schokolade oder ein »Wurschtweggle«. Auch ihr Sohn Tilman Jens, der den geistigen Verfall seines Vaters 2010 in einem Buch »Demenz. Abschied von meinem Vater« schilderte, berichtete von dessen Wort »Aber schön ist es doch...«, weshalb die Familie von dem Mandat zu aktiver Sterbehilfe nichts mehr wissen wollte.[10] Hans Küng forderte dagegen, erschüttert vom geistigen Verfall seines Freundes und seine Hilflosigkeit öffentlich bekennend, »Sterbehilfegesetze«. Er appellierte in der FAZ an Juristen, Ärzte, Politiker, Theologen und Journalisten, sich für mehr Patientenautonomie am Lebensende einzusetzen und die gesetzliche Sterbehilfe zu ermöglichen.[11] In nicht wenigen Leserbriefen wurde ihm vorgehalten, die Menschenwürde an intellektuelle Kompetenz zu binden und das Wichtigste in einer solchen Situation der Pflegebedürftigkeit auf Grund einer Demenz zu übersehen: »täglich für den Freund da zu sein und ihm jeweils auf dessen eigener Ebene zu begeg-

Perspektive, in: Thomas Sören Hoffmann/Marcus Knaup (Hrsg.), Was heißt: In Würde sterben?, Wiesbaden 2015, S. 215ff.
[9] Walter Jens/Hans Küng, Menschenwürdig sterben, a.a.O., S. 125.
[10] Tilman Jens, Demenz. Abschied von meinem Vater, München 2010, S. 142ff.
[11] Hans Küng, Mich erschüttert dieser Mann, in: FAZ vom 21.2.2009.

nen.«[12] Der Fall Jens bestätigt die Feststellung von Johann-Christoph Student, dass nämlich die Überlegung, ein Mensch könne in der Demenz dasselbe meinen, fühlen und wünschen wie in gesunden Zeiten, »die unwahrscheinlichste aller Denkmöglichkeiten« ist.[13]

Die Gesetzentwürfe von Reimann/Hintze/Lauterbach und von Künast/Sitte gehen von einem unrealistischen Verständnis von Selbstbestimmung aus. Für sie ist Leben nicht etwas Gegebenes, sondern eine Option. Sie leiten aus dem Recht auf Selbstbestimmung ein Recht auf assistierten Suizid ab. Der einzelne Mensch sei »Souverän seines eigenen Lebens«, heißt es im Entwurf Künast/Sitte in Verkennung der *conditio humana* nicht nur am Anfang des Lebens, sondern auch im Verlauf und am Ende. Auch Reimann/Hintze/Lauterbach u.a. meinen, der aus der Menschenwürde abgeleiteten Selbstbestimmung könne nur ausreichend Rechnung getragen werden, wenn die staatliche Rechtsordnung gewährleistet, dass Ärzte Suizidbeihilfe leisten können. Diese Position vertritt letztlich auch der Entwurf Brand/Griese, der ein strafrechtliches Verbot der Suizidbeihilfe, wie es Sensburg/Dörflinger vorschlagen, für einen »überscharfen Eingriff in die Selbstbestimmung von Sterbewilligen« hält. Wenig konsequent ist der Entwurf Reimann/Hintze/Lauterbach allerdings, wenn er die Selbstbestimmung des Suizidenten an die Gutachten von zwei Ärzten bindet, die die Voraussetzungen für die Suizidbeihilfe zu prüfen haben. Der Patient wäre an seinem Lebensende also abhängig von zwei ärztlichen Gutachten.

---

[12] So Renate Mirow in der FAZ vom 3.3.2009. Vgl. zum Fall Küng/Jens auch Oliver Tolmein, Wer schließt sich ab? Hans Küng ist erschüttert, weil er nichts mehr für seinen Freund tun kann. Dabei kann er mit ihm zum Kaninchenstall gehen und zum Wachhund: Was das Beispiel des kranken Walter Jens lehrt, in: FAZ vom 10.3.2009.

[13] Johann-Christoph Student, Die Patientenverfügung – Sackgasse oder Zukunftsmodell? Vom Nutzen und Schaden einer Patientenverfügung, in: Manfred Spieker (Hrsg.), Biopolitik. Probleme des Lebensschutzes in der Demokratie, Paderborn 2009, S. 180.

Wenn aber die Realisierung der Selbstbestimmung von zwei ärztlichen Gutachten abhängig gemacht wird, bleibt von der Selbstbestimmung nicht mehr viel übrig. In den Mittelpunkt des tödlichen Geschehens rückt die gutachtende Instanz. Dies lässt Gerbert van Loenen in seiner Analyse der niederländischen Regelungen zur Sterbehilfe und zur Suizidbeihilfe von 2001 zu dem Schluss kommen, nicht die Selbstbestimmung, sondern der Arzt stehe im Mittelpunkt. Sein Mitleid sei ausschlaggebend für die Beihilfe zum Suizid bzw. zur Tötung des Patienten. Mitleid aber sei etwas ganz anderes als Selbstbestimmung.[14] Da ist der Entwurf Künast/Sitte konsequenter, der nicht nur die Voraussetzung einer zweiten ärztlichen Stellungnahme nicht kennt, sondern überhaupt kein ärztliches Gutachten verlangt. Lediglich eine dokumentierte Beratung soll der Suizidbeihilfe vorausgehen. Alle drei Entwürfe setzen schließlich wie selbstverständlich voraus, dass beim assistierten Suizid der Suizident der Täter, der Arzt und die Angehörigen aber nur Assistenten sind. Nur der Entwurf Sensburg/Dörflinger problematisiert diese Sichtweise. Er sieht mit Recht im Suizidhelfer nicht nur den Assistenten, sondern denjenigen, der die eigentliche Tatherrschaft über das Geschehen der Selbsttötung hat, der mit der Bereitstellung des tödlichen Mittels den Tötungserfolg anstrebt und die zukünftige Handlungsfreiheit des Patienten irreversibel zerstört.

3. Das Problem des Lebensschutzes

Dass von einer Legalisierung der Suizidbeihilfe durch Ärzte und Angehörige ein Druck auf die Patienten ausgehen kann, Suizidwünsche zu verstärken oder erst entstehen zu lassen, weil sie ihren Angehörigen nicht zur Last fallen wollen, wird

---

[14] Gerbert van Loenen, Das ist doch kein Leben mehr! Warum aktive Sterbehilfe zu Fremdbestimmung führt, Frankfurt 2014, S. 13 und 71.

von den drei Entwürfen, die eine Legalisierung anstreben, weitgehend ignoriert oder bestritten. Reimann/Hintze/Lauterbach berufen sich, wie schon Borasio, Jox, Taupitz und Wiesing in ihrem Gesetzentwurf 2014, auf die Erfahrungen in den US-Bundesstaaten Oregon und Washington. Sie würden zeigen, dass die Legalisierung der Suizidbeihilfe kein erhöhtes Risiko für alte Menschen bedeute, Suizidbeihilfe zu verlangen.[15] Die Ergebnisse einer 2007 veröffentlichten und oft zitierten Studie, die dies zu bestätigen schienen,[16] sind jedoch vier Jahre später überprüft und widerlegt worden.[17] Für die Niederlande kommt Gerbert van Loenen zu dem Ergebnis, dass es einen Unterschied ausmacht, »ob man als freiwilliger Betreuer tagein, tagaus für jemanden in dem Wissen sorgt, dass es keine Alternative gibt«. Die Legalisierung der »Lebensbeendigung« beeinflusse »die Beziehungen zwischen den Menschen, die trotz schwerer Leiden weiterleben, und deren Betreuern«.[18] Die Verbreitung der Credo-Card oder einer »Lebensverfügung« mit dem Aufdruck »Maak mij niet dood, dokter«[19] dokumentiert dieses Misstrauen ebenso wie Berichte, dass Eltern, die für ihre frühgeborenen Kinder eine möglichst große Chance auf Behandlung haben möch-

---

[15] Gian Domenico Borasio, Ralf J. Jox, Jochen Taupitz, Urban Wiesing, Selbstbestimmung im Sterben – Fürsorge zum Leben. Ein Gesetzesvorschlag zur Regelung des assistierten Suizids, Stuttgart 2014, S. 58f.
[16] Battin MP, u. a., Legal physician-assisted dying in Oregon and the Netherlands: evidence concerning the impact on patients in »vulnerable« groups, in: Journal of Medical Ethics, 2007, S. 591-597.
[17] Finlay IG/George R., Legal physician-assisted suicide in Oregon and the Netherlands: evidence concerning the impact on patients in vulnerable groups – another perspective on Oregon's data, in: Journal of Medical Ethics, 2011, S. 171-174.
[18] Gerbert van Loenen, a.a.O., S. 203. Vgl. auch Henk Jochemsen, Sterbehilfe in den Niederlanden, in: Rainer Beckmann/Mechthild Löhr/Julia Schätzle (Hrsg.), Sterben in Würde. Beiträge zur Debatte über Sterbehilfe, Krefeld 2004, S. 246.
[19] Erich Wiedemann, Der Gedanke des Tötens, in: Der Spiegel vom 19.7.2004, S. 86-88; Stefan Rehder, Lass mich leben, Doktor!, in: Die Tagespost vom 27.7.2004.

Suizidbeihilfe? – Fragen an die Gesetzesentwürfe

ten, in deutsche Krankenhäuser ausweichen,[20] oder dass betagte Niederländer in Grenznähe einem Platz in deutschen Altenheimen den Vorzug vor niederländischen Heimen geben. Das Gesetz und auch die Kontrollpraxis in den Niederlanden geben den Ärzten die Macht, zu definieren, was lebenswert, aussichtsreich oder erträglich ist. Sie ermöglichen nicht nur die Tötung auf Verlangen, sondern auch die Tötung ohne Verlangen, die einen erheblichen Anteil der niederländischen Euthanasiefälle ausmacht.[21]

Selbsttötung ist ansteckend, schon deshalb ist Vorsicht geboten. Der Suizid bekannter Persönlichkeiten führt in der Regel zu einem rapiden Anstieg von in der Zielgruppe und in der Methode vergleichbaren Selbsttötungen, so im Fall des Nationaltorwarts von Hannover 96 Robert Enke, nach dessen Suizid im November 2009 die Zahl vergleichbarer Selbsttötungen um das Vierfache gestiegen sein soll. Die Suizidforschung spricht vom Werther-Effekt. Bundespräsident Johannes Rau hat das Problem des Lebensschutzes am Lebensende in seiner Berliner Rede zur Bioethik am 18. Mai 2001 auf den Punkt gebracht: »Wo das Weiterleben nur eine von zwei legalen Optionen ist, wird jeder rechenschaftspflichtig, der anderen die Last seines Weiterlebens aufbürdet.«[22] Es entsteht ein psychischer Druck, den medizinischen, pflegerischen und finanziellen Aufwand zu vermeiden und sich dem Trend eines sozial- oder generationenverträglichen Frühablebens anzuschließen. Wer will noch weiterleben, wenn er spürt, dass sein Weiterleben den Angehörigen eine große

---

[20] Gerbert van Loenen, a.a.O., S. 166. Im Christlichen Kinderhospital in Osnabrück werden sie »Hollandflüchtlinge« genannt.
[21] Bregie Onwuteaka-Philipsen u. a., Trends in end-of-life practices before and after the enactment of the euthanasia law in the Netherlands from 1990 to 2010: a repeated cross-sectional survey, in: The Lancet, online, 11.7.2012, S. 2. Vgl. auch Fuat S. Odencu und Wolfgang Eisenmenger, Geringe Lebensqualität. Die finstere Praxis der Sterbehilfe in Holland – bis hin zum Mord, in: Süddeutsche Zeitung vom 17.7.2003
[22] Johannes Rau, Wird alles gut? Für einen Fortschritt nach menschlichem Maß, Frankfurt 2001, S. 27f.

Last bedeutet?²³ Eine tödliche Falle der Selbstbestimmung: sie mündet in Selbstentsorgung.

Sowohl in der Philosophie als auch in der Rechtswissenschaft gibt es Plädoyers, die zu einer solchen Selbstentsorgung auffordern. Suizidwillige Personen sollten zwar die negativen Konsequenzen ihrer Selbsttötung auf ihr soziales Umfeld in Rechnung stellen. »Noch viel mehr dürfte man dann aber von jemandem im Falle einer unheilbaren und höchst pflegeintensiven Krankheit erwarten, dass er die emotionale Belastung, zeitliche Inanspruchnahme und finanziellen Lasten seiner Existenz für die Angehörigen und Freunde wahrnimmt. Denn nicht nur für die negativen sozialen Folgen des Aus-dem-Leben-Scheidens sind wir verantwortlich, sondern selbstverständlich auch für diejenigen des Weiterlebens.« Die Beihilfe zu einem »altruistischen Suizid«, der letztlich ja gar nicht so ganz altruistisch sei, sondern auch im Eigeninteresse der suizidwilligen Person liege, sei deshalb »ein letzter humaner solidarischer Akt«.²⁴ Der Druck der demographischen Entwicklung und die steigenden Gesundheits- und Pflegekosten werden dazu beitragen, den generationenverträglichen Suizid zu adeln.

Während der Entwurf Reimann/Hintze/Lauterbach behauptet, durch die Suizidbeihilfe würden Rechtsgüter Dritter nicht in relevanter Weise berührt und der Entwurf Künast/Sitte immerhin – gegen die beiden anderen Entwürfe, die nur Sterbehilfeorganisationen verbieten wollen – feststellt, es sei falsch, Einzelpersonen immer für vertrauenswürdiger zu halten als Sterbehilfeorganisationen, spricht der Entwurf Brand/Griese in erstaunlich naiver Weise wiederholt

---

[23] Robert Spaemann, Es gibt kein gutes Töten, in: ders./Thomas Fuchs, Töten oder Sterben lassen? Worum es in der Euthanasiedebatte geht, Freiburg 1997, S. 20.

[24] Dagmar Fenner, Ist die Institutionalisierung und Legalisierung der Suizidbeihilfe gefährlich? Eine kritische Analyse der Gegenargumente, in: Ethik in der Medizin 19 (2007) 206, 210. Manfred von Lewinski, Ausharren oder gehen? Für und Wider die Freiheit zum Tode, München 2008, S. 186ff.

davon, dass Angehörige und Ärzte nur aus altruistischen Motiven oder aus Mitleid Suizidbeihilfe leisten würden. Er ignoriert die Problematik des Drucks, dem pflegebedürftige Patienten bei der Legalisierung der Suizidbeihilfe ausgesetzt sind.

4. Die Logik des assistierten Suizids

Wer den assistierten Suizid legalisieren will, behauptet oft, die aktive Sterbehilfe abzulehnen. Was jedoch soll geschehen, wenn der Suizid aus welchen Gründen auch immer nicht gelingt? Dass dies vorkommt, zeigen die Erfahrungen in den Niederlanden. Sowohl in den Jahresberichten der Regionalen Kontrollkommissionen als auch in den von der Regierung in Auftrag gegebenen wissenschaftlichen Untersuchungen der Euthanasiepraxis ist von Fällen die Rede, in denen bei der Beihilfe zum Suizid Probleme auftreten, die die Ärzte veranlassen, zur aktiven Sterbehilfe überzugehen.[25] Die Kontrolle über das eigene Lebensende ist im Akt des Suizids also keineswegs gewährleistet. Die aktive Sterbehilfe liegt deshalb in der Logik des assistierten Suizids. Aber auch die Veränderung der ärztlichen Tätigkeit zwingt zu diesem Schluss. Wer dem Arzt erlaubt, Assistent bei der Selbsttötung zu sein, wird sich fragen müssen, ob der Patient wirklich möchte, dass der Arzt wieder weggeht, wenn er den tödlichen Cocktail an sein Bett gestellt hat. Er wird sich fragen müssen, warum er den Arzt nicht gleich aktive Sterbehilfe *lege artis* leisten lassen will, um das Risiko des Scheiterns der Selbsttötung auszuschließen. Er wird sich fragen müssen, wie er den Erfolg des Suizids überprüfen will. Durch einen Sehschlitz in der Tür des Patienten? Durch eine Kamera? Durch Kontrollgänge des

---

[25] Antonia Grundmann, Das niederländische Gesetz über die Prüfung von Lebensbeendigung auf Verlangen und Beihilfe zur Selbsttötung, Aachen 2004, S. 201. Nach einer Mitteilung von Gerbert van Loenen vom 13.11.2014 gab es 2013 42 derartige Fälle.

Pflegepersonals in Alten- und Pflegeheimen? Wie lange darf der Todeskampf des Suizidenten dauern, bevor der Arzt ihm durch eine tödliche Injektion »hilft«, sein Ziel zu erreichen? Muss dann nicht auch die Strafbarkeit unterlassener Hilfeleistung in § 323c StGB geändert werden? Wenige Schlagzeilen in seriösen oder weniger seriösen Medien über das Leid eines Patienten bei misslungener Beihilfe zum Suizid oder bei Unfähigkeit, den tödlichen Cocktail, den der Arzt oder Angehörige zur Verfügung stellten, selbst ganz auszutrinken, werden ausreichen, um die aktive Sterbehilfe nach den Regeln ärztlicher Kunst zu fordern und als humanen Akt erscheinen zu lassen. Nicht mehr die Verhinderung, sondern die Kultivierung des Suizids wird im Mittelpunkt stehen. Dieser »Trend zum kultivierten Suizid« ist kein Triumph über den Tod, sondern ein Triumph des Todes.[26]

Keiner der drei Gesetzentwürfe im Bundestag, die Suizidbeihilfe legalisieren wollen, stellt sich der Frage, was geschehen soll, wenn die Suizidbeihilfe misslingt. Dass aber die Grenze zwischen Suizidbeihilfe und Tötung verschwimmt, darauf hat Rudolf Henke (CDU), Arzt und Vorsitzender des Marburger Bundes, schon in der Bundestagsdebatte am 13. November 2014 hingewiesen. Patienten, die ärztliche Suizidbeihilfe in Anspruch nehmen, würden doch nicht wollen, dass der Arzt weggeht, wenn er den tödlichen Cocktail ans Bett gestellt hat. Er soll vielmehr dabei bleiben und den Ablauf überwachen. Er soll intervenieren, wenn etwas schief geht oder der Suizident sich quält. Deshalb sei die Grenze zwischen der Suizidbeihilfe und der Tötung auf Verlangen »sehr, sehr unscharf«. Sie werde mit der Zeit notwendigerweise verschwinden.[27] In der Bundestagsdebatte am 2. Juli 2015 hatte sich Henke, gleichsam von Arzt zu Arzt, direkt an

---

[26] Bernd Wannenwetsch, Vom Lebenszwang zur Sterbekunst: Warum menschenwürdiges Sterben den geistlichen Tod voraussetzt, in: Robert Spaemann/Bernd Wannenwetsch, Guter schneller Tod? Von der Kunst, menschenwürdig zu sterben, Basel 2013, S. 78.
[27] Deutscher Bundestag, Plenarprotokoll 18/66, S. 6150f.

einer der Autoren des Entwurfs Reimann/Hintze/Lauterbach gewandt: »Lieber Herr Lauterbach, als Mitglied der Ärztekammer Nordrhein wissen Sie doch genau, was aus einem solchen Standardangebot (der im BGB geregelten Suizidbeihilfe, M.S.) wird: Sie werden eine Zweitmeinung brauchen. Sie werden Qualitätssicherung brauchen. Sie werden eine Gebührenordnung brauchen. Sie werden ein Fortbildungsangebot und Fortbildungspunkte brauchen. Sie werden Forschungsprojekte brauchen. Das alles wird Gegenstand des Medizinbetriebs...«.[28] Auch Borasio, Jox, Taupitz und Wiesing hatten in der Begründung ihres Gesetzentwurfes vom August 2014 zugegeben, dass die Patienten es natürlich vorzögen, wenn Ärzte ihre Tötung vornehmen.[29]

In der Logik dieser Entwicklung liegen ausgebildete Sterbehelfer, die für ihre Dienstleistung eine Erfolgs- oder zumindest eine Qualitätsgarantie anbieten und für die es in der ärztlichen Gebührenordnung eigene Gebührenziffern geben wird. Die Schweizerische Akademie für medizinische Wissenschaften hat am 25. November 2004 »Medizinisch-ethische Richtlinien zur Betreuung von Patientinnen und Patienten am Lebensende« und am 18. Mai 2004 »Medizinisch-ethische Richtlinien und Empfehlungen zur Behandlung und Betreuung von älteren pflegebedürftigen Menschen« verabschiedet. In der Präambel dieser Empfehlungen wird auf die demographische Entwicklung und die steigenden Gesundheitskosten hingewiesen, die zu »neuen Spannungsfeldern« führten.[30] In solchen Fällen bedürfe es klarer Regeln und auch entsprechender Weiterbildungsmaßnahmen für Ärzte, Pflegepersonal und Verwaltungen von entsprechenden Einrichtungen. Verschiedene Kantone der Schweiz, wie Zürich, Luzern und St. Gallen, haben Richtlinien für die Beihilfe

---

[28] Deutscher Bundestag, Plenarprotokoll 18/115, S. 11064.
[29] Jan Domenico Borasio, u. a., a. a. O., S. 57.
[30] Schweizerische Akademie der Medizinischen Wissenschaften, Medizinisch-ethische Richtlinien und Empfehlungen zur Behandlung und Betreuung von älteren pflegebedürftigen Menschen vom 18.5.2004, S. 5.

zum Suizid in ihren Alters- und Pflegeheimen verabschiedet, in denen geregelt wird, unter welchen Bedingungen eine solche Beihilfe erfolgen kann und wie der Suizid ablaufen soll. Es soll unbedingt der Eindruck vermieden werden, dass das Pflegeheim selbst die Suizidbeihilfe leistet. Aber die Richtlinien sind alle sehr lückenhaft, wenn es um die Phase zwischen Überreichen des tödlichen Giftes und der Feststellung des Todes geht. Die Empfehlungen des Kantons St. Gallen zum Umgang mit Sterbehilfeorganisationen in Betagteneinrichtungen vom 17. Mai 2013 weisen darauf hin, dass man in Herisau, der Hauptstadt des Kantons Appenzell Ausserrohden, die Erfahrung gemacht habe, dass es »keine Informationen über die genauen Umstände des Todesfalls« gebe.[31]

Als seien sich die Autoren des Entwurfes Reimann/Hintze/Lauterbach dieser Problematik bei der Durchführung der Suizidbeihilfe bewusst, wollen sie im neuen §1921a Abs.4 BGB festlegen, dass nicht nur die Vorbereitung des Suizids durch den Arzt erfolgt, sondern auch der Ablauf von ihm überwacht wird: »Der Vollzug der Lebensbeendigung durch den Patienten erfolgt unter medizinischer Begleitung.« Der Arzt könnte also jederzeit intervenieren, wenn beim Vollzug des Suizids etwas schief läuft. Dies griff Rudolf Henke in seiner Rede im Bundestag am 2. Juli 2015 auf: »Was heißt das denn? Der Arzt bleibt dabei. Was heißt das denn, wenn das Mittel nicht wirkt? Was heißt das denn, wenn der Betreffende erbricht? Was heißt das denn, wenn er Krämpfe bekommt? Was heißt das denn, wenn er den Erfolg des Suizids nicht erreicht? Dann wird doch der Arzt unter dieser Bedingung [...] zu einem notwendigen Erfolgsgaranten der Suizidabsicht.«[32] Niemand wird je überprüfen können, ob der assis-

---

[31] Umgang mit Sterbehilfeorganisationen in Betagteneinrichtungen, Empfehlung der Fachkommission für Altersfragen des Kantons St. Gallen vom 17.5.2013, S. 12.
[32] Deutscher Bundestag, Plenarprotokoll 18/115, S. 1064. Henke hat allerdings den Entwurf Brand/Griese unterstützt. Logisch wäre es gewesen, den Entwurf Sensburg/Dörflinger zu unterstützen.

tierte Suizid dann wirklich ein Suizid oder nicht doch eine Tötung auf Verlangen war. Die Tötung auf Verlangen liegt deshalb in der Logik des assistierten Suizids. Die aktive Sterbehilfe ist deshalb die logische Konsequenz der Legalisierung des assistierten Suizids.

Die aktive Sterbehilfe auf Verlangen des Patienten aber führt, wie die niederländischen Erfahrungen zeigen, zur Sterbehilfe ohne Verlangen. Wer dem Arzt die Macht einräumt, die Erträglichkeit des Leidens, die Perspektiven des Weiterlebens und den Lebenswert zu definieren, öffnet den Weg zur Sterbehilfe ohne Verlangen. Wer Sterbehilfe ohne Verlangen verhindern möchte, darf Tötung auf Verlangen nicht legalisieren. Wer Tötung auf Verlangen verhindern will, darf Beihilfe zum Suizid nicht legalisieren. Der Staat ist aufgrund seiner Schutzpflicht für das menschliche Leben deshalb gehalten, auch die »Anstiftung und Beihilfe zur Selbsttötung als rechtswidrig zu qualifizieren und zu verbieten«.[33] Das Standesrecht reicht nicht aus, um die verfassungsrechtliche Gewährleistung des Lebensrechts alter und kranker Menschen zu sichern. Der einzige Gesetzentwurf, der dieser Entwicklung vorzubeugen vermag, ist der Entwurf Sensburg/Dörflinger, der die Suizidbeihilfe verbietet, wie dies auch die Rechtsordnungen anderer Staaten in Europa tun, denen niemand den Charakter eines Rechtsstaates absprechen wird: Österreich, Italien, England und Wales, Irland, Portugal, Spanien und Polen. Wer konsequent das in Art. 2 Abs. 2 GG gewährleistete Recht auf Leben und körperliche Unversehrtheit schützen und den Beruf des Arztes vor jedem Zwielicht bewahren will, wird deshalb dem Entwurf Sensburg/Dörflinger zustimmen müssen. Zu erwarten ist, dass dies eine Minderheit bleiben wird. Dies gilt auch für die Unterstützer des Entwurfs Künast/Sitte, die sich dann vermutlich dem Entwurf Reimann/Hintze/Lauterbach anschlie-

---

[33] Christian Hillgruber, Die Bedeutung der staatlichen Schutzpflicht für das menschliche Leben bezüglich einer gesetzlichen Regelung der Suizidbeihilfe, in: Zeitschrift für Lebensrecht 3/2013, S. 76.

ßen werden. Um eine Mehrheit für diesen Entwurf zu verhindern, werden sich die Unterstützer des Entwurfes Sensburg/Dörflinger vermutlich dem Entwurf Brand/Griese anschließen. Sollte dieser Entwurf eine Mehrheit erhalten, wird er als Verhinderung der Sterbehilfe gefeiert werden, obwohl er mit seinem §217 StGB das Tor zur legalen Suizidbeihilfe öffnet.

Autoren

RAINER MARIA KARDINAL WOELKI, geb. 1956, seit 2014 Erzbischof von Köln, davor Erzbischof von Berlin (2011-2014), Kardinal seit 2012. Studium der Katholischen Theologie und Philosophie in Bonn und Freiburg, Promotion an der Päpstlichen Universität vom Heiligen Kreuz in Rom (2000). Priesterweihe 1985, 1990-1997 Erzbischöflicher Geheimsekretär, 1997-2003 Direktor des Theologenkonviktes Collegium Albertinum in Bonn, 2003-2011 Weihbischof im Erzbistum Köln.

PROF. DR. IUR. CHRISTIAN HILLGRUBER, geb. 1963, seit 2002 Professor an der Universität Bonn und Inhaber des Lehrstuhls für Öffentliches Recht, Vorsitzender der Juristen-Vereinigung Lebensrecht e.v., Studium der Rechtswissenschaften an der Universität zu Köln, 1991 Promotion mit der Dissertation »Der Schutz des Menschen vor sich selbst«, 1997-1998 Professor für Öffentliches Recht an der Ruprecht-Karls-Universität Heidelberg, 1998-2002 Professor für Öffentliches Recht, Völkerrecht und Rechtsphilosophie an der Friedrich-Alexander-Universität Erlangen-Nürnberg.

PROF. DR. GIOVANNI MAIO, geb. 1964, Philosoph und Arzt mit langjähriger eigener klinischer Erfahrung, seit 2005 Inhaber des Lehrstuhls für Medizinethik an der Universität Freiburg und seit 2006 Direktor des Instituts für Ethik und Geschichte der Medizin. Studium der Medizin und Philosophie in Freiburg, Straßburg und Hagen. Facharzt für Innere Medizin. In verschiedenen Ethik-Gremien berät er die Bundesärztekammer, die Bundesregierung und die Malteser Deutschland. 2010 wurde er zum bioethischen Berater der Deutschen Bischofskonferenz ernannt.

PROF. DR. MED. CHRISTOPH VON RITTER, PhD, AGAF, seit 2001 Chefarzt der Medizinischen Abteilung des Kreiskrankenhauses Prien am Chiemsee, Studium der Medizin in Freiburg und München, Promotion 1987 an der Université de Lausanne, Forschungsaufenthalt am Department of Physiology des LSU Medical-Center Shreveport, USA, dort PhD in Basic Medical Sciences, Habilitation 1994, seit 2001 apl. Professor an der Ludwig-Maximilians-Universität München, seit 2012 Fellow der American Gastroenterological Association (AGAF), seit 2011 Berater des Päpstlichen Gesundheitsrates.

PROF. DR. DR. H.C. LOTHAR ROOS, geb. 1935, Professor für Christliche Gesellschaftslehre und Pastoralsoziologie an der Universität Bonn (1979-2000), Professor für Christliche Anthropologie und Sozialethik an der Universität Mainz (1975-1979), a.o. Professor an der Theologischen Fakultät der Schlesischen Universität in Kattowitz (2001-2005), Priesterweihe 1960, Promotion 1969 mit dem Werk »Demokratie als Lebensform«, Habilitation 1974 für die Fächer Christliche Gesellschaftslehre und Pastoraltheologie in Freiburg, Geistlicher Berater des Bundes Katholischer Unternehmer (1984-2015), Prälat, Ehrendoktor der Katholischen Universität Lublin 2010, Vorsitzender und Mitbegründer der Joseph-Höffner-Gesellschaft (seit 2002).

PROF. DR. MANFRED SPIEKER, geb. 1943, Studium der Politikwissenschaft, Philosophie und Geschichte in Freiburg und Berlin, Promotion 1973 bei Prof. Hans Maier in München und Habilitation an der Universität zu Köln, 1983-2008 Professor für Christliche Sozialwissenschaften an der Universität Osnabrück, 2002-2007 Präsident der Association Internationale pour l'Enseignement Social Chrétien (AIESC), 2009 Österreichisches Ehrenkreuz für Wissenschaft und Kunst I. Klasse, Begründer und Leiter der Osnabrücker Friedensgespräche (1984-1992), seit 2012 Berater des Päpstlichen Rates Justitia et Pax.

Veröffentlichungen der Joseph-Höffner-Gesellschaft

Band 1

MANFRED SPIEKER, CHRISTIAN HILLGRUBER,
KLAUS FERDINAND GÄRDITZ

Die Würde des Embryos – Ethische und rechtliche Probleme der Präimplantationsdiagnostik und der embryonalen Stammzellforschung

Band 2

ALFRED SCHÜLLER, ELMAR NASS,
JOSEPH KARDINAL HÖFFNER

Wirtschaft, Währung, Werte – Die Euro(pa)-Krise im Lichte der katholischen Soziallehre

Band 3

ANDREAS KRUSE, GIOVANNI MAIO, JÖRG ALTHAMMER

Humanität einer alternden Gesellschaft

Band 4

LOTHAR ROOS, WERNER MÜNCH, MANFRED SPIEKER

Benedikt XVI. und die Weltbeziehung der Kirche